Clemens Bittlinger
Gott tut gut

Clemens Bittlinger

Gott tut gut

Sieben spirituelle Wege zum Wohlbefinden

Kösel

Die Illustrationen in diesem Buch stammen von Mathias Hütter,
Schwäbisch Gmünd.

FSC
Mix
Produktgruppe aus vorbildlich
bewirtschafteten Wäldern und
anderen kontrollierten Herkünften

Zert.-Nr. GFA-COC-1298
www.fsc.org
© 1996 Forest Stewardship Council

Verlagsgruppe Random House FSC-DEU-0100
Das für diese Buch verwendete FSC-zertifizierte Papier Munken Print
liefert Arctic Paper Munkedals AB, Schweden

Umschlag: 2005 Werbung
Umschlagmotiv: Mauritius images/Richard Mayer
Druck und Bindung: Kösel, Krugzell
Printed in Germany
ISBN 978-3-466-36740-5

www.koesel.de

Inhalt

Siebenmal »Ich bin ...«

»Wellness« heißt »Wohlbefinden«

An einem heißen Tag nach einer längeren Wanderung komme ich an eine kleine alte Bergkirche. Davor fließt aus einem Brunnen frisches, kühles Quellwasser. Dankbar wasche ich meine Hände und kühle meinen Nacken, lustvoll trinke ich das köstliche Nass. Ich sehne mich danach, mich hinzusetzen und an einem kühlen Plätzchen ein wenig auszuruhen. Ich drücke die Klinke der alten Kirchentür: sie ist offen – wie schön. Im Halbdunkel dieser kleinen Kirche fühle ich mich geborgen. Ich suche mir einen Platz in einer Bank und lasse meinen Blick wandern: Ich sehe einen alten kleinen Altar mit vielen kunstvollen Holzschnitzereien, ein Blumengesteck, zwei Kerzen und eine aufgeschlagene Bibel. Dahinter leuchten mir in dezentem Licht drei kunstvoll gestaltete Kirchenfenster entgegen und tauchen den Altarraum in ein rötlich-gelbes Licht: schön! Ich komme zur Ruhe und atme entspannt durch. In mir formen sich Gedanken, ich bete innerlich, in mir klingt ein Lied, ich bin dankbar, dankbar für mein Leben, für die Menschen, die mich umgeben, und dankbar für diesen kostbaren Moment: Gott tut gut!

»Gott tut gut«, so heißt auch dieses Buch, und ich möchte Sie einladen, sieben spirituelle Wege zu unserem Wohlbefinden mit mir zu gehen. „Wohlbefinden“ ist eine mögliche Übersetzung für „Wellness“, ein Wort, das mittlerweile geradezu inflationär verwendet wird. Deshalb bevorzuge ich den Begriff „Wohlbefinden“ und genau darum soll es in diesem Buch gehen: um unser Wohlbefinden – individuell, aber auch gesellschaftlich. In einer Zeit, in der »cool«, sprich »kühl«, mit »gut« gleichgesetzt wird, sehnen sich immer mehr Menschen nach Wärme und Behaglichkeit. Es geht um unser »Wohlsein«, darum, dass wir uns »wohlfühlen« wollen und dass wir uns in unserem Innersten nach einem Lebensstil sehnen, der uns äußerlich und innerlich guttut und in ganzheitlichem Sinn heil werden lässt.

In den letzten Jahren haben wir zusammen mit verschiedenen Teams begonnen, einen neuen ganzheitlichen spirituellen Weg zu entfalten. Im Rahmen der »Ökumenischen Wellnesswochen« wurde anhand der sieben *Ich bin Worte* Jesu auf vielfältige Weise das umfassende Wohlbefindlichkeitspotenzial des christlichen Glaubens entfaltet. Dabei geht es um ganz praktische Dinge, die jeder und jede sofort umsetzen kann. Es geht zum Beispiel um Ernährung (»Ich bin das Brot«) und um die Frage, was wir äußerlich und innerlich so alles in uns »hineinstopfen«, es geht um das Ambiente (»Ich bin das Licht«), in dem wir leben, um die Farben, mit denen wir uns umgeben, aber auch um die Schattenseiten unseres Lebens, die »ans Licht« kommen dürfen.

Zu unseren Wurzeln

»Wellness« und »Fitness« bezeichnen ein neues Körperbewusstsein, das bis hin zum Körper*kult* reicht. Längst haben sich Saunalandschaften und Fitnessstudios in unserer Gesellschaft als »Wellnesstempel« etabliert. Mann und Frau achten auf ihren Lebensstil und wollen körperlich fit und gesund sein und bleiben.

Gott tut gut nimmt diesen gesellschaftlichen Trend ernst, geht jedoch noch einen Schritt weiter: Nicht nur unser Körper braucht Wohlsein, auch unser Geist und unsere Seele. Manche gut gemeinte Anwendung kann aber nur dann zu einem umfassenden Wohlbefinden beitragen, wenn sie eingebettet ist in einen spirituellen Weg, der uns zu den Wurzeln unserer menschlichen Existenz führt.

Wohlbefinden – ein gesellschaftliches Bedürfnis

Umfassend kann sich unser Wohlsein und unser Heilsein auf sie beziehen: auf die Bibel, denn die Bibel ist ein Buch, das geschrieben wurde zum Wohle der Menschen. Im Grunde vermittelt die Bibel folgende Botschaft: »Gott möchte, dass allen geholfen wird.« Das lässt sich an vielen Bibelstellen festmachen. Immer wieder werden Wege zu einem neuen und erneuerten Menschen angedeutet und vorgeschlagen, Wege, die uns zur »Nachfolge Christi« einladen. Nachfolge wird hier ganz praktisch als tatsächliche »Imitatio«, als »Nachahmung« verstanden. Zumindest als Anregungen, den eigenen Weg anhand der »Stationen«, zu entdecken, können die aufgezeigten Wege in der Bibel verstanden werden. Die sieben Selbstaussagen Jesu, die sogenannten sieben *Ich bin Worte* im Johannesevangelium geben solch einen Weg vor. Wenn wir ihm folgen, wird uns sicher sehr schnell bewusst, dass wir auf diesem Weg nicht nur unser eigenes Wohlbefinden, sondern auch das Wohlbefinden unserer Gesellschaft und der gesamten Menschheit mit im Blick haben. Es geht also nicht um einen »spirituellen Egotrip«, sondern um einen spirituellen Weg zu einem ganzheitlichen Menschsein, und zu dieser Ganzheit gehört auch die Gesellschaft und das politische Klima, in dem ich lebe und atme. Anders gesagt: Im selben Ausmaß wie die Worte und Bilder Jesu uns für unsere eigenen Möglichkeiten und auch Schattenseiten sensibel werden lassen, werden sie uns auch für die Möglichkeiten und Schwächen einer Gesellschaft empfindsam machen. Lassen Sie sich einfach überraschen!

Das Leben genießen mit allen Sinnen

Wie würden wir die Welt wahrnehmen, wenn wir nur riechen könnten? Stellen Sie sich vor: Sie sehen nichts, Sie hören nichts, Sie fühlen nichts und Sie schmecken nichts – das Einzige, was Sie empfangen, sind Düfte, Gestank und Gerüche. Sie sind gewissermaßen »ganz Nase«. Wir sagen ja manchmal: »Ich bin ganz Ohr« und meinen damit, dass wir uns in dem Moment besonders auf den akustischen Hörsinn konzentrieren. Na, dann stellen Sie sich jetzt ruhig einmal vor, Sie wären »ganz Nase«. In welcher Welt lebt Ihre Nase? Seien Sie mal ein »Naseweis«, der weiß, was seine Nase erlebt und mitunter »durchmacht«.

Ich möchte Sie gleich zu einer Übung einladen, bevor Sie dieses Buch weiterlesen: Begeben Sie sich doch einmal an einen Ort, an dem Sie sich besonders wohlfühlen. Machen Sie es sich so bequem, dass Sie nichts drückt oder stört, setzen Sie sich einen Kopfhörer auf und schließen Sie die Augen. Und nun konzentrieren Sie sich auf Ihre Nase. – Was riechen Sie? – Was sagt Ihnen Ihre Nase über Ihren »Wohlfühl-Ort«? Lassen Sie sich ruhig 10–15 Minuten Zeit, dann beenden Sie diese Übung und schreiben auf, welche Botschaft Ihnen Ihre Nase zukommen ließ. Darf ich Sie ermutigen, dieselbe Übung noch einmal an einem Ort zu machen, an dem Sie sich nicht wohlfühlen und dann noch einmal an einem Ort, der Ihnen neutral oder besser gesagt alltäglich erscheint.

Segen

Entdecke nun
dein Leben
und halte
die Nase
in den Wind,
spüre
den zarten Hauch
auf deiner Haut,
höre,
was in der Luft liegt,
atme den Duft
und
schmecke und sieh,
wie freundlich
unser Gott ist.
Geh nun
deinen Weg
der gute Hirte
begleitet
dich.

Gott tut gut.

Amen

Natürlich können wir die anderen Sinne nicht gänzlich ausschalten, wir können nur ein bisschen »so tun als ob«, denn ein besonders dichter Kopfhörer offenbart natürlich die inneren Geräusche: das Pulsieren des Blutes in unseren Adern, die Schluck- und Atemgeräusche etc. Und natürlich können wir uns niemals so positionieren, dass wir nichts mehr fühlen. Aber durch solch eine Übung können wir durchaus die einzelnen Sinne einmal besonders sensibilisieren und können »aus der Sicht« der Nase beispielsweise die eigene Welt erkunden. Darum geht es nämlich, dass wir begreifen und erfahren, wie sehr unsere verschiedenen Sinne unser Wohlbefinden beeinflussen.

Ebenso aufschlussreich kann es sein, einmal einen Sinn auszuschalten. Seit vielen Jahren bin ich als musikalischer Botschafter für die *Christoffel Blindenmission* tätig. Dieses christliche Hilfswerk hat es sich zur Aufgabe gemacht, in über 100 Ländern dieser Welt Menschen durch Augenoperationen vom grauen Star zu befreien und ihnen so eine Perspektive für die Zukunft zu eröffnen, eine Zukunft, die sie dann fortan selbst gestalten können. Schneller und direkter kann man einem Menschen nicht helfen, als ihn von seiner Blindheit zu befreien, damit er sich künftig selbst helfen kann. Da sich viele Leute hier bei uns unter dem »grauen Star« nichts oder nur wenig vorstellen können, bauen die Mitarbeiter der Christoffel Blindenmission bei Kirchentagen, Messen und anderen Großveranstaltungen einen »Erlebnisgang« auf, bei dem mit einer speziellen Brille die Erblindung durch den grauen Star gewissermaßen simuliert wird. Wer möchte, setzt sich diese Brille auf, erhält einen Blindenstock und eine kurze Anweisung, wie er zu handhaben sei, und wird dann in einen Gang mit ganz unterschiedlicher Bodenbeschaffenheit und mit Hindernissen geschickt. Was erleben Sie, wenn Sie nichts sehen können? Wie erleben Sie Ihre Umgebung?

In fast jeder Großstadt gibt es mittlerweile sogenannte Dunkelbars, Erlebnisbars, in denen es stockfinster ist und Sie sich an den Tresen oder Ihren Tisch herantasten müssen. Sie werden bedient von blinden Menschen, für die es keinen Unterschied macht, ob es hell oder dunkel ist – nur Sie erleben diesen Unterschied sehr drastisch und auch die Tatsache, dass Sie darauf angewiesen sind, Ihre Umgebung über Ihre anderen Sinne wahrzunehmen und auch Ihrer Umgebung zu trauen.

Wenn wir uns nun also auf einen spirituellen Weg hin zu einer ganzheitlichen Wohlbefindlichkeit begeben wollen, ist es ausgesprochen hilfreich, sich immer wieder auf die unterschiedlichen Sinne zu »besinnen« und sich zu fragen, wo die einzelnen Befindlichkeiten menschlicher Existenz zu ihrem Recht und zu ihrer Erfüllung kommen. Wir haben es im Laufe unseres Lebens mehr oder weniger verlernt, unseren einzelnen Sinneswahrnehmungen besondere Beachtung zu schenken, aber wir können sie uns wieder ins Gedächtnis rufen.

Die Botschaft Jesu und die fünf Sinne

Jesus von Nazareth lebte und agierte in einer landwirtschaftlich geprägten Gesellschaft, in der es überlebensnotwendig sein konnte, alle fünf Sinne parat zu haben. Ständig und überall waren die Sinne angesprochen und es war eine Tragödie, wenn ein Mensch nicht mehr in der Lage war, alle Sinne gebrauchen zu können. Wo immer Jesus nun auftauchte, zuhörte, heilte, sprach oder ein Wunder vollbrachte, kamen – gewissermaßen gleichzeitig – auf ganz unterschiedlichen Ebenen Heilungsprozesse in Gang, und tatsächlich waren die Resultate dieser Prozesse nicht immer wirklich erwünscht. Aus diesem Grund stellte Jesus des Öfteren einem Kranken die scheinbar absurde Frage: »Willst du gesund werden?« Diese Frage ist und war natürlich ganzheitlich gemeint. Dazu ein Beispiel: Vor Jerusalem gab es einen Teich, den Teich Bethesda, und um dieses Gewässer herum waren erstaunlicherweise fünf Säulenhallen gebaut. Dort lagen viele Kranke, Blinde, Lahme und Ausgezehrte. Alle, die dort lagen und lebten, warteten auf ein Wunder, denn, so sagte man, von Zeit zu Zeit würde ein Engel Gottes gewissermaßen »aus heiterem Himmel« in diesen See hinuntersteigen und auf eigentümliche Weise das Wasser bewegen und der oder die Erste, die/der dann in diesem Teich wäre, würde gesund werden. Fantastisch! Stellen Sie sich das einmal vor, einfach so: als Erster und im richtigen Augenblick am Wasser sein, rein in die Brühe und weg ist die Krankheit.

Ich glaube, das war eine ziemlich makabre Situation, in der sich die Menschen dort am See Bethesda befanden: Erstens war sicherlich nicht jede

Bewegung in diesem Teich auf einen Engel zurückzuführen – es konnte durchaus auch mal nur eine Windböe sein – und zweitens gab es, weil man ja nicht definitiv wusste, ob es nun solch eine heilsame Bewegung war oder nicht, jedes Mal ein wildes Humpeln und Robben – ein absurder Wettlauf mit vielen Verlierern und selten einem Gewinner. Doch eines hatte diese Gemeinschaft gemeinsam. Sie waren alle bereit, warteten auf ein Wunder, waren offen dafür, dass sie irgendwie an diesem Wunder des Teiches Bethesda teilhaben würden. Allerdings gab es in dieser Gemeinschaft keinerlei Verbindlichkeit, denn sobald auch nur eine minimale Chance bestand, gesund zu werden, war sich jeder selbst der Nächste.

Die biblische Erzählung lenkt nun unsere Aufmerksamkeit auf einen Mann, der seit 38 Jahren gelähmt war und eigentlich überhaupt keine Chance hatte, bei diesem makabren Wettlauf zu gewinnen. Trotzdem lag er da. Wer schon alles ausprobiert hat, wer seit vielen Jahren krank ist und vielleicht sogar liegen muss, klammert sich an jeden Strohhalm, auch wenn es völlig absurd und aussichtslos scheint.

Dieser Mann fällt Jesus auf. Er bleibt stehen, erfährt, wie lange dieser Mann schon krank ist, und hört zu, lässt sich von ihm die Geschichte erzählen – 38 Jahre Krankheitsgeschichte, wie viel Leid, wie viel Elend kauerte in diesem Moment vor Jesus. Wenn mir jemand seine Geschichte erzählt, und es ist eine schwere Geschichte, voller Trauer, Schicksalsschläge und Krankheit, dann werde ich immer stiller und immer nachdenklicher, werde ich mitunter selbst traurig und mutlos, bis wir dann vielleicht in dieser Ratlosigkeit beieinandersitzen und erst einmal gar nicht mehr reden.

In diese Stille und Ratlosigkeit hinein stellt Jesus dem Kranken eine im ersten Augenblick abwegige Frage. Er fragt ihn: »Willst du gesund werden?«

Eine Zumutung, diese Situation. Eine Zumutung, diese Frage: »Willst du gesund werden?«, aber wann immer Jesus diese Frage gestellt hat oder stellt, meint er mit »gesund« weit mehr als: »Willst du wieder gehen können?« Das muss der Kranke irgendwie gespürt haben, denn er antwortet nicht sofort mit »ja« oder »nein«, sondern er sagt: »Herr, ich habe keinen Menschen, der mich, sobald das Wasser in Bewegung kommt, in den Teich trägt – bis ich dort unten angekommen bin, sind die Ersten schon zwei Runden geschwommen, alleine habe ich keine Chance ...« Er wollte sagen: Die Verbindlichkeit unserer offenen Gemeinschaft hier rund um den Teich Bethesda zerbricht in dem Moment, in dem sich die Chance auftut, an diesem Wunder teilzuhaben. Sobald sich das Wasser bewegt, ist jeder sich selbst der Nächste, setzt sich die rücksichtslose Ellenbogengesellschaft wieder durch.

»Willst du gesund werden?« – Krank sind sie alle, die da um den Teich Bethesda lagern, körperlich krank, aber auch, und das macht die Situation dieses Mannes so aussichtslos, krank in den Herzen und Köpfen. »Herr, ich habe keinen, der mich trägt ...« Kurz und knapp, eine Beschreibung unserer Gesellschaft. Wir sind die Kranken, die Erfolgs-Blinden, die Lahmen, wenn es darum geht, anderen zu helfen, wir sind die Ausgezehrten, ausgelaugt vom Geld, dem wir tagtäglich hinterherlaufen. Wir sind die Wohlstandskrüppel der modernen Gesellschaft und jeder und jede von uns hat so einen braunen Teich, auf den wir starren und von dem wir *alles*, aber auch im Grunde *nichts* mehr erwarten. Viele macht die Sehnsucht nach mehr und mehr Geld krank, kaputt und einsam, denn wo ich mir scheinbar jede Dienstleistung kaufen kann, brauche ich keinen mehr, der mich freiwillig trägt. Der hämische Satz: »Wenn jeder an sich selbst denkt, ist auch an alle gedacht ...« kippt und wird zur Verhöhnung des Menschen, der sich nicht mehr selbst helfen kann und dessen Heilung bereits mit dem Satz beginnen könnte: »Ich brauche einen Menschen, der mich trägt ...« Unsere Heilung, die Abkehr von unserem krankhaften Egoismus könnte mit der Erkenntnis beginnen: »Ich brauche einen Menschen, der mich trägt ...«

Wenn Jesus nun in den sieben *Ich bin Worten* Bilder gebraucht, die größtenteils dem Leben einer landwirtschaftlich geprägten Gesellschaft entstammen, werden wir sehr schnell merken, dass wir gar nicht umhin können, diese Bilder nicht nur zu sehen und von ihnen zu hören, sondern dass wir sie auch berühren, schmecken und riechen müssen, um in umfassendem Sinn zu begreifen, was die Bibel da alles Gutes für uns bereithält.

Man kann durchaus von einer »reformatorischen Deformation« sprechen, die nicht nur bei den evangelischen Christen zu einer starken Überbetonung »des Wortes« geführt hat. »Das Hören des Wortes« – darauf kam es an. Die Tatsache, dass Gott auf ganz unterschiedlichen Ebenen und in einer liebevollen Vielschichtigkeit zu uns »spricht«, wurde lange Zeit in den Hintergrund gedrängt.

Die Worte, Gleichnisse und Bilder Jesu duften, sie schmecken und leuchten, sie klingen und sie wollen vor allem eines: begriffen werden.

Die Ohren – Hören

Vor allem anderen und lange vor der Geburt *hört* ein werdender Mensch. Geräusche, Stimmen und Musik sind das Erste, was ein Embryo wahrnimmt.

So etwa ab der 20. Schwangerschaftswoche funktioniert der Hörsinn, er nimmt Töne auf und unterscheidet Stimmen. Dabei hat die Stimme der Mutter eine besonders beruhigende Wirkung. Amerikanische Forscher behaupten gar, jeder Mensch werde mit einem absoluten Gehör geboren, eine Fähigkeit, die aber dann mangels Training mehr und mehr verloren ginge. Offensichtlich ist, dass Neugeborene eine gewisse Musikalität schon mit auf die Welt bringen und Rhythmus, Ton – und Klangfarben unterscheiden können.

Kann ich bei einem Erlebnisgang der Christoffel Blindenmission beispielsweise die Augen verschließen, so ist das beim Hören nicht so einfach – wir hören immer irgendetwas, selbst mit den stärksten Schallschutzkopfhörern hören wir zumindest uns selbst und unsere Köpergeräusche in verstärktem Ausmaß.

»Die Welt zu Gast bei Freunden«, so hieß der Slogan der Fußball WM 2006 in unserem Land. Wenn Menschen aus so vielen, unterschiedlichen Nationen aufeinandertreffen, wäre es hilfreich, eine Sprache zu haben, die alle gemeinsam sprechen, und in der Tat, diese Sprache gibt es: Unterstützt von entsprechender Mimik und Gestik kann ich am Sprachrhythmus, am Tonfall, an der Lautstärke und an der Stimmlage eines Menschen erkennen, ob er gerade heiter, wütend oder zärtlich gestimmt ist. Diese allen Sprachen gemeinsamen Signale haben wir gewissermaßen mit der Muttermilch aufgesogen und verinnerlicht.

Ähnlich universell ist die »Sprache der Musik«:

»Musik besänftigt das wilde Tier!«, soll B.B. King, einer der letzten großen Blues-Gitarristen der alten Schule einmal gesagt haben. Dieses »wilde Tier« hat scheinbar diesen begnadeten Musiker ganz schön auf Trab gehalten, denn bis ins hohe Alter gab er rund 150 Konzerte pro Jahr: »aktiver Unruhestand« könnte man das nennen.

Doch wenn man weiß, dass dieser weltberühmte Musiker regelmäßig in Gefängnissen Konzerte gab, dann bekommt der Satz »Musik besänftigt das wilde Tier« noch einmal eine ganz andere Bedeutung. B.B. King hatte jene nicht vergessen, die man abgeschoben und weggesperrt hat, und er hat etwas im Gepäck, das hilft – seine Musik, den Blues. Musik kann helfen, ja mitunter kann sie sogar heilen und uns helfen, zu jenen verschütteten Ebenen unseres Lebens vorzudringen, aus denen Träume und neue Hoffnung geboren werden.

In der Bibel wird uns von einem König namens Saul berichtet, der regelmäßig Tobsuchtsanfälle bekam. Das Einzige, was ihn zu besänftigen vermochte, war jene Musik, die der Hirtenjunge David betend und singend auf seiner Harfe spielte. Die heilende Wirkung der Musik wird da noch einmal verstärkt, wo sie voller Glauben den anderen mit hineinnimmt in die heilsame Gegenwart des liebenden Schöpfers: »Musik besänftigt das wilde Tier!«

So sehr wie Musik eine heilende und wohltuende Dimension hat und haben kann, kann sie natürlich auch schädigen. Rund ein Drittel aller 20-Jährigen, so schätzen die Fachleute, hat bereits erhebliche Hörschäden. Manch aufgemotzten Schlitten kann man schon von Weitem an den voll aufgedrehten wummernden Bässen erkennen, die die Fensterscheiben des eigenen Hauses zum Vibrieren bringen. Viele der Hörschäden, die Jugendliche sich gewissermaßen selbst zuziehen, wären vermeidbar. Allerdings scheint es nun einmal cool zu sein, auf Partys und in Diskos an oder über der Schmerzgrenze von 120 Dezibel Musik zu hören, und viele zahlen, oft ohne dass sie es wahrhaben wollen, schon sehr früh einen hohen Preis dafür, indem sie sich einen nachhaltigen Hörschaden zuziehen. Aber auch Lärm und Geräusche im Alltag können uns krank machen.

Kein Wunder also, dass bei allen spirituellen Wegen und Anleitungen die Stille eine besondere Rolle spielt. Die Stille zu finden, ist dabei gar nicht so einfach. Wir werden ja permanent aus allen möglichen und unmöglichen

Richtungen beschallt und zugedröhnt. Dafür ist schon eine bewusste Entscheidung Voraussetzung: Ich möchte auf meine Ohren achten – ich möchte ihnen mehr Stille gönnen. Bei jedem der sieben *Ich bin Worte* habe ich eine Geste mit eingefügt, die das jeweilige *Ich bin Wort* mit dem Körper nachvollzieht – das Ziel dieser Übung ist es, die Sprache am Ende ganz wegzulassen und den jeweiligen Satz »sprachlos« nachzuvollziehen.

Die Hände – Berühren

Etwas »geht uns unter die Haut« oder wir wollen am liebsten »aus der Haut fahren« oder etwas »bereitet uns eine Gänsehaut« – das alles sind Redeweisen, die signalisieren, welche Rollen unsere Haut in ganz bestimmten Situationen spielt.

Als vor einigen Jahren die Ausstellung »Körperwelten« für Furore sorgte, war da immer wieder auch ein Bild zu sehen, auf dem ein ausgewachsener, enthäuteter Mensch seine Haut vor sich herträgt oder in die Höhe hält.

Mit zwei Quadratmetern Gesamtfläche ist die Haut unser größtes Sinnesorgan. Hinzu kommen noch die Zunge, der Gaumen und die Lippen, die uns helfen beim Trinken und Essen, die Nahrung zu erspüren und unter Umständen gefährliche Partikel zu erkennen und zu meiden. Jeder kennt das Gefühl, mit dem sich die Zunge durch ein Fischfilet tastet auf der Suche nach eventuellen Gräten. Da der Mundinnenraum und die Zunge über ein derart hochsensibles Tastinstrumentarium verfügen, spielen sie auch bei Erotik und Sex eine besonderen Genuss verheißende Rolle.

Während Mundraum, Zunge und Lippen sehr empfindlich auf alle möglichen Reize reagieren, ist der Rücken des Menschen wohl mit dem Teil des Tastsinns ausgestattet, der am wenigsten Reize empfängt (und der deshalb mitunter auch sträflich vernachlässigt wird). Wie wohltuend ist es, wenn die »Reizflächen« unseres Rückens in einer gekonnt durchgeführten Massage angeregt und verstärkt werden.

Aber natürlich fällt einem bei »Tastsinn« nicht in erster Linie der Rücken und auch nicht der Mund ein, sondern selbstverständlich die Hände. Sie sind unsere differenziertesten Tastorgane. Mit unseren Händen können wir greifen, ertasten, streicheln, pflücken, drücken usw. Die feinfühligen Möglichkeiten, die uns unsere Hände eröffnen, sind unglaublich vielfältig. Es ist gut, wenn wir auf unsere Hände achten – sie sind wahre Wunderwerke, die uns befähigen zu malen, Musik zu machen, zu schreiben und zärtlich zu sein. All dies ist möglich, weil wir tasten und »begreifen«. Die *Geste* am Ende jeder der sieben Einheiten möchte uns helfen, unsere Hände ganz besonders wahrzunehmen.

Bei Menschen, die ohne Hände geboren wurden oder leben müssen, haben die Füße mitunter viele Funktionen der Hände übernehmen und lernen können. Es gibt Menschen, die mit den Füßen malen, schreiben, sogar musizieren können. Unsere Füße und hier vor allem unsere Fußsohlen sind wunderbar ausgestattet mit vielen Tastsensoren. Jeder, der barfuß über Kieselsteine läuft, weiß, wie empfindlich die Füße reagieren, und wer sich einmal eine Fußreflexzonenmassage gegönnt hat, weiß, wie wunderbar fein differenziert Tastsinn und Nervenstimulator sind, die sich in unseren Fußsohlen verstecken.

Wenn Jesus nun also bewusst ein markantes Bild wie das Brot oder die Tür gebraucht, dann hören wir das nicht nur, sondern wir wissen auch sofort, wie sich das, was da beschrieben wird, anfühlt – und dieser Spur gilt es zu folgen ...

Die Augen – Sehen

Ein neugeborenes Baby muss erst ganz allmählich lernen, seine Umgebung auch über die Augen wahrzunehmen. Doch dann bekommen die Augen für den Menschen höchste Bedeutung.

Mit den Augen treten die meisten zu anderen in Kontakt und schaffen sich ein Bild ihrer Umwelt. Sehen ist für viele der wichtigste Sinn, um sich in der Welt zurechtzufinden. Rund 80 Prozent aller Sinneseindrücke nehmen wir über die Augen wahr.

Wenn ich einem blinden Menschen begegne, dann fasse ich ihn an, damit er mich klarer und dreidimensional lokalisieren kann. Die anderen Sinne versuchen die Funktion des verlorenen Sinnes so gut es geht zu überbrücken und zu ersetzen. Ein Baby, das zu sehen beginnt, macht es ganz genauso, es berührt das, was es sieht, und entwickelt so nach und nach ein dreidimensionales Sehverständnis.

Das, was wir sehen, dominiert zunächst einmal unsere Wahrnehmung. Kommunikationswissenschaftler haben herausgefunden, dass wir bei einem Gespräch oder einem Vortrag zu über 50 Prozent auf die Körpersprache achten, das heißt, in erster Linie »hört« das Auge. Nur so ist auch die überwältigende Dominanz des Fernsehens in unserer Freizeitgestaltung zu erklären. Jemand hat einmal gesagt: »Früher wollten die Leute in den Himmel, heute wollen sie ins Fernsehen.« Sehen und gesehen werden, das ist – so scheint es – unser Lebenselixier.

Wenn man nun bedenkt, dass unser Sehen alle drei Sekunden durch den Lidschlag unterbrochen wird, wir also etwa 20 Prozent unserer wachen Zeit mit den Augen theoretisch nichts wahrnehmen, kann man erahnen und auch erforschen, dass unser Gehirn einen Mechanismus entwickelt hat, diese »Fehlzeiten« zu überbrücken. Man könnte sagen: »Auf unsere Augen können wir uns blind verlassen!«

Wenn uns jemand etwas eindrücklich vermitteln und sagen möchte, dann verwendet er Geschichten und Bilder, die uns den Inhalt des Gesagten gewissermaßen »vor unserem geistigen Auge« malen. Wenn ich ein Buch oder einen Aufsatz schreibe, dann bleiben die Passagen beim Leser am besten

»hängen«, in denen ich eine Geschichte erzähle. Genau aus diesem Grund hat wohl auch Jesus von Nazareth so viele Bilder und Gleichnisse verwendet, weil sie vielschichtiger sind als nur der Text und auch das innere Auge stimulieren und schlussendlich ist das genau der Reiz der sieben *Ich bin Worte* – es sind sieben Bilder, die uns auf ganz unterschiedlichen Ebenen ansprechen.

Die Nase – Riechen

In seinem Roman »Das Parfum« erzählt der Autor Patrick Süskind die Geschichte von Jean-Baptiste Grenouille, der am 17. Juli 1738 auf einem fürchterlich und übelst stinkenden Pariser Platz zur Welt kommt. Unmittelbar nach seiner Geburt versucht seine Mutter ihn loszuwerden, doch er legt einen geradezu unfassbaren Überlebenswillen an den Tag. Von Amme zu Amme wird er weitergereicht – doch sonderbar: Keine der mit der Fürsorge für dieses sonderbare Kind betrauten Frauen mag ihn bei sich behalten. Jean-Baptiste Grenouille hat nämlich ein Problem: Er hat keinerlei Eigengeruch und das macht ihn für die Menschen in seiner Umgebung unheimlich. Auch wenn sie mitunter gar nicht wissen, dass sie ihn nicht riechen können, ist das Ergebnis dasselbe – sie können ihn nicht riechen – sie mögen ihn nicht. Gleichzeitig ist der Junge mit einem geradezu phantastisch anmutenden Geruchssinn ausgestattet, der ihm später zum Verhängnis werden soll. Worauf dieser Roman mit Sicherheit hinweist ist, dass wir unsere Nase und unseren Geruchssinn viel zu wenig beachten.

Wissenschaftler haben herausgefunden, dass ein Mensch rund 23 000-mal am Tag ein- und ausatmet und dabei Millionen von Staubpartikeln, Duftstoffen und -molekülen gewissermaßen inhaliert. Er ist ein unauffälliger Begleiter, unser Geruchssinn, der sich eigentlich immer nur dann »zu Wort meldet«, wenn es irgendwo stinkt, wenn uns irgendetwas ätzend in die Nase steigt (zum Beispiel bei der Entkalkung einer Kaffeemaschine mit Essig) oder wenn etwas besonders gut duftet. Und das meiste, was wir zu schmecken glauben, riechen wir in Wirklichkeit. Ohne die Informationen, die uns unsere Nase liefert, würde jedes Essen mehr oder weniger gleich »nicht« schmecken. Den Zusammenhang von Geschmackssinn und Nase kann man auch besonders gut beim Rotwein Trinken studieren. Der Kenner genießt einen guten Rotwein in einem großen offenen Weinglas zunächst einmal mit der Nase. Längst hat sich die Werbung für Weine auf dieses Phänomen eingestellt: »Bereits im Duft spürt man das Engagement und die Liebe, die der Winzer in dieses schöne Gewächs investiert hat. Üppig und sehr elegant entwickelt sich allmählich ein herrlicher Duftstrauß mit Anklängen an schwarze Johannisbeere, Brombeeren, Tabak und hintergründige Gewürznoten wie weißer Pfeffer und rote Paprika.« Wohlgemerkt, hier wird ein Getränk beschrieben. Längst haben die Marketingstrategen erkannt, dass wir Gerüche und Düfte mit ganz bestimmten Stimmungen und Gefühlen assoziieren und es ist auch längst kein Geheimnis mehr, dass der Geruch eines Menschen uns sexuell stimuliert oder auch abstößt und dass die Aussage »Ich kann dich nicht riechen«, tatsächlich Ausdruck davon ist, wie kräftig unser Geruchssinn auch bei der Auswahl des Sexualpartners und des Freundeskreises mitmischt. Wer sich mit diesem Thema eingehender befassen möchte, dem empfehle ich das Buch *Liebe geht durch die Nase* von Udo Pollmer und anderen.

Wenn Jesus nun also bewusst ein markantes Bild wie das Brot oder den Weinstock gebraucht, dann hören wir das nicht nur, sondern wir wissen auch sofort, wie das, was da beschrieben wird, riecht. Ja, unser Geruchssinn hat seine ganz eigene Geschichte mit diesem Bild. Wenn wir es denn umfassend begreifen wollen, gilt es dieser Spur zu folgen ...

Der Mund – Schmecken

Babys erfühlen die Welt mit dem Mund, sie stecken alles erst mal in den Mund. Kein Wunder, denn dort warten etwa 8000 – 10 000 Geschmacksknospen, bereit, die Welt von Saurem, Süßem, Bitterem und Salzigem zu entdecken, aber auch Eckiges, Rundes, Stacheliges, Glitschiges, Weiches und Hartes zu erfühlen und zu entdecken. Der Säugling hat da auch noch viel mehr Möglich- und Empfindsamkeiten, denn mit dem Älterwerden nehmen unsere Geschmacksempfindungen ab. Erwachsene besitzen nur noch etwa die Hälfte an Geschmacksknospen von Säuglingen.

Zu Urzeiten der Menschheit war der Geschmackssinn oft überlebensnotwendig und die Signale der elementaren Grundgeschmacksrichtungen konnten eindeutig interpretiert werden: »Süß« war das klare Signal für gehaltvolle und energiereiche Nahrung, »salzig« war der Hinweis auf lebenswichtige Stoffe und Mineralien und »bitter« war die rote Ampel und der Hinweis auf »giftig« und »ungenießbar«.

Obwohl wir so gerne essen und trinken, obwohl viele von uns von Herzen gerne auf die vielfältigen kulinarischen Angebote in unserem Land zurückgreifen, ist der Geschmackssinn der mit Abstand am schwächsten ausgestattete Sinn. Und er ist auch leicht zu überlisten – längst wird vieles von dem, was für uns so lecker nach »Erdbeer« schmeckt, via Aromastoffe in entsprechenden Laboratorien »nachgebaut«. Wir *essen* nicht »Erdbeer« (oder nur zu einem sehr geringen Anteil), aber wir *schmecken* Erdbeer. Vielleicht ist das auch ein Grund, warum mehr und mehr Menschen (vor allem in südlicheren Regionen) richtig Scharfes bevorzugen: »... beruht es einfach darauf, dass Scharfes die Geschmacksnerven geradezu aufweckt? Dies geschieht durch eine konkrete Reizung: Die Schärfe von Chilischoten zum Beispiel beruht auf der geschmacks- und geruchsneutralen chemischen Substanz Capsaicin, die bestimmte Nerven in Nase und Mund stimuliert. Scharfe Gewürze verstärken nicht nur den Geschmack anderer Aromen, sondern führen vor allem zur Ausschüttung von Endorphinen im Gehirn, wirkungsvollen chemischen Substanzen, die Schmerz lindern und das Gefühl von Wohlbehagen hervorrufen.« (Ingrid Riedel, *Geschmack am Leben finden*)

Wenn Jesus nun also bewusst ein markantes Bild wie das Brot oder den Weinstock gebraucht, dann hören wir das nicht nur, sondern wir wissen auch sofort, wie das, was da beschrieben wird, schmeckt, ja unser Geschmackssinn hat seine ganz eigene Geschichte mit diesem Bild. Wenn wir es denn umfassend begreifen wollen, gilt es dieser Spur zu folgen ...

Langsam durch die schnelle Zeit

Langsam durch die schnelle Zeit
zieht der Geist der Ewigkeit,
schaut sich die Termine an,
fragt mich, sag: Wann lebst du, wann?

Wann hast du mal Zeit zu sehen,
was um dich herum geschieht,
Zeit auch Dinge zu verstehen,
die das Auge übersieht.
Abgehakt und abgelegt,
wie Terminkalender,
schmeißt du deine Jahre fort,
ohne was zu ändern.

Wann nimmst du dir Zeit zu lauschen
in die Stille, wie sie klingt.
Hörst du noch die Wellen rauschen
in der Muschel, wenn sie singt?
Du kannst lernen zu verstehen,
wo ein Mund den Dienst versagt.

Mit dem Herzen hinzusehen
lernt, wer so zu hören wagt.

Wann nimmst du dir Zeit zu riechen,
hältst die Nase in die Luft?
Höre auf, dich zu verkriechen
atme tief, genieß' den Duft
und die Zunge, lass sie schmecken,
beide Sinne helfen dir
etwas Neues zu entdecken,
Leben sinnlich zu erspür'n.

Langsam durch die schnelle Zeit
zieht der Geist der Ewigkeit,
schaut sich die Termine an,
fragt mich, sag: Wann lebst du, wann?

Wann nimmst du dir Zeit zu leben,
durchzuatmen, ein und aus.
Hast du dich schon aufgegeben,
wie sehn deine Träume aus?
Stemm' die Füße in den Sand,
spür' den Boden, der dich hält,
Teil der großen, starken Hand,
Teil des Schöpfers dieser Welt.

Siebenmal Wellness

Der spirituell heilsame Weg zu einem ganzheitlichen Menschsein anhand der sieben *Ich bin Worte* Jesu.

Die Bedeutung der Zahl sieben

Zahlen und ihr Wert

Die Ursprache der Bibel ist die althebräische Sprache, in der es keine eigenen Zeichen für die Zahlen gibt. Parallel zum Alphabet entwickelte man die Zahlenreihe. Das bedeutet, dass die Menschen mit den Buchstaben des hebräischen ABC auch rechnen konnten. Diese Doppelbedeutung von Buchstabe und Zahl ist schon ein sehr früher Hinweis darauf, dass die Zahlen in der hebräischen Vorstellungswelt immer schon mehr waren als einfach nur Zahlen, sie verkörperten auch etwas. Wenn es unmöglich war, mit »Worten zu rechnen«, dann bekommt das Ganze einen sehr schönen und schlüssigen Doppel- und Dreifachsinn. Schließlich »rechnen« wir auch mit einem Verheißungsgehalt des biblischen Wortes, aber man kann und konnte eben auch im ganz nüchtern mathematischen Sinn mit den Buchstaben und dem Wort rechnen.

Folgende hebräische Buchstaben stehen für die Zahlen eins bis zehn.

א	Aleph	=	1
ב	Beth	=	2
ג	Gimel	=	3
ד	Daleth	=	4
ה	He	=	5
ו	Waw	=	6
ז	Zajin	=	7
ח	Chet	=	8
ט	Tet	=	9
י	Jod	=	10

Es wird auch für einen mathematisch nicht besonders geschulten Menschen sehr schnell klar, dass man mit diesem Zahlensystem keine besonders kniffligen mathematischen Aufgaben lösen kann. Und so sind die Zahlen, je höher sie beziffert werden, umso weniger wörtlich zu nehmen, bis hin zu der Zahl 1.000, die dann nur noch »unbeschreiblich groß« aussagen möchte, aber keinesfalls als genaue Wertangabe in unserem heutigen Sinn zu verstehen ist.

Wer sich nun für die Bedeutung der Zahlen im Einzelnen besonders interessiert, dem sei das Buch von Otto Betz, *Das Geheimnis der Zahlen,* besonders empfohlen.

Um aber die *besondere* Bedeutung der Zahl sieben zu verstehen, müssen wir weit zurück in die Entwicklungsgeschichte der Menschheit blicken. Schon bei den Sumerern ist die Zahl sieben eine heilige Zahl, eine Zahl, die ihnen half, das Universum zu verstehen und zu deuten.

Die sieben Himmelskörper wurden als solche erkannt und unsere Woche nach ihnen geordnet: Der *Sonntag* wurde nach der *Sonne* benannt, der *Montag* nach dem *Mond*, der *Dienstag* nach dem *Mars* (im Französischen mardi), der *Mittwoch* nach dem *Merkur*, der *Donnerstag* (im Französischen jeudi) nach dem *Jupiter*, der *Freitag* (im Französischen vendredi) nach der *Venus* und der *Samstag* (im Englischen »satur-day«) nach dem *Saturn*. Der Tag unter dem Zeichen des Saturn, der Samstag, galt als besonders heikel und gefürchtet, und deshalb ließ man an diesem Tag die Arbeit ruhen. Dass den einzelnen Planeten jeweils noch eine eigene mythische Bedeutung beigemessen wurde, kann hier nur angedeutet werden. Die Schöpfungsgeschichte des Alten Testaments greift mutmaßlich auf dieses alte Deutungsmuster der Sumerer zurück und füllt es im Sinne der eigenen religiösen Deutung neu.

Otto Betz schreibt, dass sich in der Bibel außerordentlich viele Hinweise auf die Zahl sieben finden. Bei Sacharja, einem der kleinen Propheten, ist von den sieben Augen des Herrn die Rede, »die über die ganze Erde schweifen« (4,10). Die Feste dauern gewöhnlich sieben Tage, der heilige Leuchter (Menora) ist siebenarmig, Jakob muss je sieben Jahre arbeiten, bis er Lea und Rahel heiraten kann, Josef deutet den Traum des Pharao mit den sieben fetten und sieben mageren Kühen und wird auf diese Weise Vizekönig von Ägypten.

Im Neuen Testament ist die Sieben noch auffälliger. Das Vaterunser enthält sieben Bitten. Beim Jüngsten Gericht wird gefragt, ob die Menschen sieben Formen der Barmherzigkeit geübt haben, nämlich die Speisung von Hungrigen, das Tränken von Durstigen, das Beherbergen von Obdachlosen, das Kleiden von Nackten, das Besuchen von Kranken und Gefangenen, das Begraben der Toten. Auch in der Johannesapokalypse ist die Zahl sieben immer wieder zu finden. Sieben Fackeln und sieben Geister stehen vor dem Thron Gottes und sieben Posaunen ertönen. Sieben Gemeinden bekommen Briefe geschrieben, das Lamm hat sieben Hörner, das Buch sieben Siegel.

Man könnte die Zahl sieben für die heilige Zahl schlechthin halten, wenn es nicht auch schlimme und gefährliche Sieben gäbe. Aus Maria Magdalena werden sieben Dämonen ausgetrieben, sieben Todsünden bedrohen den Menschen: Hoffart, Neid, Zorn, Geiz, Unkeuschheit, Trägheit, Unmäßigkeit. Unter sieben Plagen leidet die Menschheit und sieben Unheilsschalen werden ausgegossen. Auch der apokalyptische Drache hat sieben Köpfe und sieben Kronen. Ist dies nun ein Nachäffen des Heiligen durch das Dämonische? Oder greift auch die dunkle Gegenwelt zu den alten Grundstrukturen, um sich behaupten zu können?

Sieben Schritte, sieben Tage, sieben Wochen

Mir persönlich ist es eine Hilfe, wenn ich den Eindruck habe, dass ich aufgehoben bin in einem bewährten Rahmen. Die Zahl sieben oder ein Prozess in sieben Schritten ist so ein bewährter Rahmen, den uns nicht nur die Bibel anbietet, sondern der uns wie gerade gesehen in vielen anderen Kulturen als positiv und heilsam wirkend begegnet. Hier bauen Elemente aufeinander auf und schließen sich am Ende zu einem Kreis – so werde ich in einen alten Kreislauf mit hineingenommen, der es mir ermöglicht, das, was ich an Gutem und Heilsamem entdeckt habe, immer wieder neu hervorzuholen und einzuüben. Bei den sieben *Ich bin Worten* schließt sich der Kreis durch das Abendmahl oder die Eucharistie. Jesus selbst lädt uns ein, seine heilende Gegenwart durch Brot und Wein zu riechen, zu ertasten, zu sehen, zu schmecken und zu erfahren. Es beginnt mit dem Brot und endet mit dem Weinstock.

Man könnte sagen, dass die Feier des Abendmahls die ganzheitliche Erfahrung des christlichen Glaubens schlechthin beinhaltet, denn sie ist verknüpft mit der heilenden, vergebenden und segnenden Gegenwart Gottes, die ich im Hier und Jetzt am eigenen Leib erfahren kann und darf. Und sie ist gleichzeitig die Klammer der sieben *Ich bin Worte*.

Es bietet sich an, die sieben Schritte auch in sieben Abschnitten zu gehen. Ich denke, in unserem Alltag könnten das sieben Wochen sein. Traditionell würde sich hier die Passions- und Fastenzeit anbieten, aber Sie können sich zu einer beliebigen Zeit im Jahr an sieben aufeinander folgenden Wochen die *Ich bin Worte* vornehmen und sie sich in Ihrem Leben entfalten lassen. Sie werden sehen, wie durch die Brot-, Licht-, Tür-, Hirte-, Auferstehungs-, Weg- und Weinstockwochen Ihr Leben intensiver, bewusster und heilsamer wird.

Sehr intensiv können natürlich auch die so gestalteten sieben Tage einer Woche werden, allerdings sollte dies dann in einer Art Aus- oder Einkehrzeit geschehen.

Intensiver und variantenreicher wird mein Weg mit den sieben *Ich bin Worten* da, wo ich ihn gemeinsam mit anderen erlebe und gehe, wo ein regelmäßiger Austausch stattfinden kann und man sich gegenseitig seine Erfahrungen mitteilt. Denkbar wäre beispielsweise, dass ein Hauskreis oder eine Projektgruppe sich für sieben Wochen einmal in der Woche trifft und die jeweiligen Erfahrungen austauscht.

Sieben Bilder: sieben Entfaltungs- und Identifikations-möglichkeiten

Wenn nun im Johannesevangelium sieben *Ich bin Worte* Jesu entfaltet werden, dann ist das sicherlich kein Zufall, sondern ein Hinweis darauf, dass hier ein Prozess des Heilwerdens angedeutet und skizziert werden soll. Es geht darum, dass durch die innere Begegnung mit Jesus bei uns etwas ganz werden soll, was gebrochen oder mitunter sogar zerbrochen ist. Dazu bedarf es jedoch der Grundeinsicht, dass ich, der ich diese Bilder und Worte Jesu auf mich wirken lasse, eine gebrochene Existenz bin, die die Sehnsucht nach Heil- und Ganzwerdung in sich trägt. Bei dem Sänger Leonard Cohen fand ich das Lied *In my secret Life* und ich empfand es als eine sehr schöne Metapher für den Bruch, den jeder Mensch in sich trägt und der sich einerseits nach Heilung sehnt und es andererseits auch verdient, nicht immer gleich in Bausch und Bogen verdammt zu werden. Es lohnt sich, dieses geheime Leben, unsere Schattenexistenz durchaus auch einmal liebevoll zu betrachten. Wir kommen beim zweiten *Ich bin Wort* vom Licht noch einmal direkt auf diesen Gedanken zurück.

Die sieben Ich bin Worte *sind Bilder, die uns helfen, das Wesen Jesu besser zu verstehen. Es sind aber auch Bilder, die uns helfen können, dass wir uns selbst besser verstehen.*

Jesus bietet uns sieben Selbstaussagen auch deshalb, um uns zur »Selbstfindung« und »Selbstaussage« zu ermutigen. Wir können gewissermaßen »unter den Mantel« jeweils desjenigen Bildes schlüpfen, das unserer momentanen Befindlichkeit am meisten entspricht: Manchmal brauche ich einen guten Hirten, der mich tröstet, manchmal brauche ich eine gute Portion »Auferstehungskraft« und manchmal brauche ich ganz einfach nur Brot und die Erfüllung meiner Grundbedürfnisse.

Siebenmal »Ich bin …«

»Ich bin das Brot des Lebens«

Vor einiger Zeit sah ich im Kino eine verblüffende Werbung. Zunächst wurde eine riesige überdimensionale Weißwurst auf Räder gespannt und dann wie bei einem Crashtest voll gegen eine Betonwand gefahren. In einer ziemlich ekligen Zeitlupe wurde gezeigt, wie diese Weißwurst völlig zerplatzte und eine wüste Sauerei verursachte. Als Zweites sah man ein riesiges Knäckebrot, das ebenfalls auf diesen rollenden Untersatz gespannt und dann mit voller Wucht gegen die Betonwand geschmettert wurde. Auch hier zeigte die Zeitlupe, wie das Knäckebrot explodierte und in tausend Teile zersprang.

In der dritten Aufnahme wurde ein riesiges französisches Baguette gezeigt, das nun in gleicher Weise einem »Crashtest« unterzogen wurde. In der

Zeitlupe konnte man sehr schön sehen, wie sich das Baguette zwar kräftig verformte, sich aber beim Zurückfedern fast wieder in die Urfassung zurückformte. Und dann kam als Werbespruch: »Renault – créateur d'automobiles« – »Renault – der Erschaffer von Autos«

Naja, dachte ich, das muss aber ein Baguette gewesen sein, das etwa ein bis zwei Tage alt war und in einer Plastikfolie aufbewahrt wurde – *diese* Baguettes haben in der Tat eine ziemlich elastische Konsistenz.

Keine Frage, Brot gehört zu den Grundnahrungsmitteln der westlichen Welt, und in keinem Land der Welt gibt es so viele Brotsorten wie in Deutschland.

»Was kommt, wenn wir wirklich hungrig sind, dem Duft, dem Geschmack des Brotes gleich! Urgeschmack des Brotes muss auf meiner Zunge der nach Vollkorn und der nach Sauerteig sein: ein wenig feucht noch vor Frische! Mein Bäcker backt auch heute noch einen runden Brotfladen aus Vollkorn-Sauerteig, der sich mindestens zwei Wochen lang hält, ohne auszutrocknen und ohne zu schimmeln. Uraltes Rezept!« So schwärmt die bekannte Psychologin Ingrid Riedel in ihrem Buch *Geschmack am Leben finden*. Gutes Brot ist so elementar wichtig und deshalb backen heute viele ihr Brot wieder selbst, beginnen beim Mahlen des Mehls und beim Ansetzen des Sauerteigs. Dreimal am Tag essen viele deutsche Familien Brot. Nicht umsonst gelten die Deutschen als Weltmeister in der Vielfalt, Brote zu backen. Morgens beim Frühstück beginnt es, mittags zur Suppe oder als »Brotzeit« zur Arbeit, und das Abendessen heißt im nördlichen Deutschland »Abendbrot«.

In Deutschland werden schätzungsweise 300 unterschiedliche Brotsorten gebacken. Dabei spielen regionale Besonderheiten wie auch die Verwendung, Dosierung und Verarbeitung unterschiedlicher Getreidearten eine besondere Rolle. In Ländern wie Italien, Frankreich, Griechenland und Spanien wird meistens und in erster Linie Weizen zu Brot verarbeitet. Die deutschen Bäcker hingegen verwenden neben Weizen und Roggen auch Getreide wie zum Beispiel Dinkel, Hafer, Hirse und Gerste, ja mitunter sogar Reis. Hinzu kommen vielfältige andere Zutaten.

Besonders nahrhaft und wertvoll sind jene Brotsorten, in denen noch alle Bestandteile eines Getreidekorns enthalten sind. Weil hier das volle Korn mit allen auch für die Verdauung so wertvollen Ballast- und Inhaltsstoffen im Nahrungsmittel verarbeitet wurde, nennt man dieses Brot »Vollkornbrot«.

Die Bedeutung von Brot zur Zeit Jesu

Das Brot hatte in der Zeit, als Jesus in Galiläa unterwegs war, eine besondere Bedeutung. Es war ein wichtiger Bestandteil jeder Mahlzeit und wurde normalerweise täglich frisch zubereitet. Brot war das Grundnahrungsmittel schlechthin, das wird auch in dem Gebet »Vater unser« angedeutet: »Unser tägliches Brot gib uns heute«.

Für die Zubereitung des Brotes waren die Frauen zuständig: Mit einer Art Handmühle, die aus einem fest am Boden liegenden unteren Stein und einem beweglichen oberen Stein bestand, wurde das Getreide selbst gemahlen. Die so zermahlenen Körner wurden dann mit einer Art Sieb gereinigt. Zum so gewonnenen Mehl gab man Wasser und eine Prise Salz hinzu und knetete daraus einen Teig. Bei einem Urlaub in Ägypten konnte ich eine alte Bäuerin beobachten, wie sie genau auf diese traditionelle Weise ihr Brot in einem Rundofen mit einem offen Feuer buk. Der Teig wurde unmittelbar verarbeitet, so wie zu Zeiten Jesu, wo man das Brot in der Regel ohne Sauerteig herstellte. Diese warmen Brotfladen aus ungesäuertem Mehl schmecken einfach herrlich und wenn meine Frau und meine Kinder von Ägypten schwärmen, dann denken wir immer an dieses tolle, frische, warme Brot, mit dem man so ausgezeichnet die leckeren Saucen und Suppen der regionalen Küche auftunken konnte.

Schließlich hat das Bild vom Brot natürlich auch eine politische Dimension: Es geht um Nahrung, auch um die gerechte Verteilung von Nahrung und Gütern auf dieser Welt. Wir werden daran erinnert, dass unser Wohlstand und unser Wohlbefinden langfristig auch davon abhängt, wie wohl es anderen geht. So sahen sich plötzlich Touristen auf den kanarischen Inseln mit Hunderten von gestrandeten Flüchtlingen aus Afrika konfrontiert. Sie konnten gar nicht anders, als Erste Hilfe zu leisten und sich für diese Menschen einzusetzen. Natürlich gab es auch jene, die sofort in ihr Hotelzimmer geflüchtet sind und sich bei ihrer Reiseagentur über »die Belästigung« beschwert haben.

Als Menschen, die im Wohlstand leben, sind wir gefordert, jene mit im Blick zu haben, die nichts besitzen, die hungern oder verfolgt werden, und zu begreifen, dass Ganzheitlichkeit immer auch »das Ganze« im Blick hat. Gott will, dass allen geholfen wird!

»Ich bin das Brot« – mit allen Sinnen

Beim Brot werden zunächst einmal ganz klar alle fünf Sinne angesprochen. Stellen Sie sich vor, Sie betreten eine Bäckerei, in der selbst gebackenes Brot gefertigt wird. Das Erste, was Sie erfassen, ist dieser wunderbare Duft nach frisch gebackenem Brot – mitunter so intensiv, dass Ihnen das Wasser im Mund zusammenläuft. Das Auge genießt die aufgereihten Brotlaibe und sucht sich ein möglichst nicht zu dunkel geratenes Brot aus. Die Verkäuferin umfasst den Laib Brot und auch Sie spüren es in den Händen – wie sich das anfühlt, ein gutes Brot. Vielleicht halten Sie noch einmal die Nase daran und atmen ihn kräftig ein – diesen Duft. Zu Hause dann angekommen werden Sie dieses Brot irgendwann aufschneiden – achten Sie einmal darauf, wie das klingt – und jedes Brot klingt anders – und dann der Moment, wenn Sie sich eine gute Scheibe Brot abgeschnitten und vielleicht mit Butter und frischem Kräuterquark bestrichen haben. Ich suche mir dann noch einen guten Platz und genieße diese Scheibe Brot. Hier kommt mir nun das Märchen vom »Tapferen Schneiderlein« in den Sinn. Es hatte sich zur Unterbrechung seiner Arbeit – und dieser Vorgang wird besonders bildreich dargestellt – genüsslich eine dick mit Pflaumenmus bestrichene Brotscheibe zubereitet und muss nun beobachten, wie sich die Fliegen an seinem sehnlichst erwarteten Gaumenschmaus gütlich tun. Den Ärger kann ich sehr gut verstehen. Immer, wenn ich an dieses Märchen denke, bekomme ich Lust auf Pflaumenmus. Ein gutes frisches Brot, mit Zeit und Muse zubereitet und genossen – ich schmecke, rieche, taste, höre und sehe gleichzeitig bei diesem Vorgang. Auch beim Kauen und Abbeißen werde ich feststellen, wie unterschiedlich Brot klingen kann – vom Knäckebrot, über Toastbrot bis hin zu einem guten Vollkornbrot.

Gleich beim Brot lernen wir, wie gut und heilsam es ist, seine Sinne ganz bewusst einzuschalten und so den Moment des Brotzubereitens, -schneidens und -essens bewusst zu genießen und zu erleben. Wer es noch intensiver und noch sinnlich-sinnvoller haben möchte, der backt am besten sein Brot auch noch selbst, (dazu habe ich noch ein gutes Brotrezept beigefügt, siehe S. 46).

Was für das Brot gilt, gilt selbstverständlich für unsere gesamte Ernährung. Wir haben es verlernt, uns für das Essen wirklich Zeit zu nehmen. Vielfach finden wir auf unserem Speisezettel nur Fertiggerichte und Speisen aus der Schnellküche und während wir essen, lesen wir Zeitung, schauen Fernsehen oder denken bereits an die nächsten vor uns liegenden Aufgaben – das ist ungesund.

Dazu eine kleine Erzählung: Ein Mann aus der Stadt besuchte einen Bauern auf dem Lande. Das Erste, was ihm auffiel, war, dass dieser Mann keinen gestressten Eindruck machte, sondern dass ihm sein Tagwerk mit einer fröhlichen Selbstverständlichkeit von der Hand ging – ja dieser Mensch machte einen geradezu glücklichen Eindruck. Wie anders hingegen war sein Leben: Mit Müh und Not war er der Hektik der Großstadt und dem Stress seines sehr anstrengenden Managerberufes für ein paar Tage entronnen. Aber er stellte fest, dass er nicht zur Ruhe kam, dass ihn die Fragen und Aufgaben seines Arbeitsalltages auch hier in der Beschaulichkeit einholten und bedrängten. Wie gerne hätte er mit dem Lebensgefühl des Bauern getauscht. Schließlich fasste er sich ein Herz und fragte den Mann vom Land: »Wie kommt es, dass du so ausgeglichen und fröhlich bist?« Daraufhin antwortete ihm derjenige: »Wenn ich schlafe, dann schlafe ich, wenn ich aufstehe, dann stehe ich auf, wenn ich esse, dann esse ich, und wenn ich gehe, dann gehe ich!« – »Ja, aber das mache ich doch auch!«, erwiderte der Manager enttäuscht. Daraufhin sagte der andere: »Nein, eben nicht, und nun hör mir gut zu:

Wenn *du* schläfst, stehst du schon auf, wenn *du* aufstehst, dann isst du bereits, wenn *du* isst, dann gehst du schon und wenn *du* gehst, arbeitest du schon!«

Das Bewusstmachen unserer fünf Sinne hilft uns, das, was wir gerade tun, auch wirklich bewusst und ganzheitlich zu gestalten.

»Ich bin das Brot« – im Alltag

»Unser täglich Brot gib uns heute« beten wir im Vaterunser und ahnen dabei, dass diese Bitte für uns, im reichen und satten Teil der Welt, vielerlei Bedeutung hat und haben muss, aber nicht unbedingt die Sorge um das tägliche »Versorgtsein«. Wenn es denn schon so ist, dass unser Tisch und unser »täglich Brot« ganz selbstverständlich »gegeben« ist, dann ist es sicher wohltuend und heilsam, sich genau das bewusst zu machen und vor dem Essen innezuhalten, sich den liebevoll gedeckten und meist übervollen Tisch zu betrachten und bewusst wahrzunehmen. In vielen Familien ist die Tradition des Tischgebets verloren gegangen, damit ist uns jedoch etwas sehr Schönes und Heilsames abhandengekommen. Wenn wir uns vor dem Essen mit frisch gewaschenen Händen an den Tisch setzen, den gedeckten Tisch und die Speisen wahrnehmen, einander an den Händen fassen und ansehen und dann gemeinsam ein Tischgebet sprechen, so ist das in vielerlei Hinsicht ein besonderer, ein kostbarer Moment. Zum einen etablieren wir neben dem Abendgebet einen zweiten, festen spirituellen Platz im Alltag unserer Familie, wir halten inne und freuen uns, dass es uns so gut geht, wir halten inne und nehmen wahr, dass es anderen nicht so gut geht (könnten wir nicht beim Essen darüber reden und überlegen, was man tun könnte, dass es gerechter zugeht auf dieser Welt?), wir nehmen das Essen wahr und wir schlingen und stopfen es nicht einfach gedankenlos in uns hinein. Essen und Trinken ist ein ganzheitliches, kommunikatives Geschehen – wir genießen es als Familie, so zusammen zu sein: Essenszeiten werden zu heiligen Momenten.

»Als Nächstes schlägst du deinen Lesern vor, dass sie ihr Brot selber backen sollen, aber selbst hast du noch nie ein Brot gebacken!«, höre ich schon meine Frau sagen, und recht hat sie: Ich möchte Ihnen, liebe Leserinnen und Leser, für die ich dieses Buch gerade schreibe, ans Herz legen, selbst Brot zu backen, und ich gebe zu, dass ich es bisher tatsächlich selbst noch nicht ausprobiert, aber von vielen gehört habe, dass es toll sein soll – vor allem, wenn es dann auch noch schmeckt, das eigene Brot. Sie werden nun also Zeuge eines Selbstversuches: Ich werde mein erstes eigenes Brot backen und Ihnen berichten, wie es geklappt hat, wie es schmeckt und was das Ganze mit mir und uns als Familie »gemacht« hat.

Wie schön wäre es doch, wenn wir die Zeit hätten oder uns die Zeit nehmen würden, unser Brot selbst zu backen und von Grund auf mitzuerleben, wie aus dem Korn, das wir selbst mahlen oder mahlen lassen, frisches Mehl entsteht, Mehl, in dem noch sämtliche Inhaltsstoffe, Vitamine und Mineralien enthalten sind. Das wäre nicht nur besonders gesund und nahrhaft, sondern wir würden auch uns und unserem Verdauungsapparat rund 100 Zusatzstoffe ersparen, die im normalen, haltbar gemachten Mehl enthalten sind.

Wir könnten auch die Brotgewürze wie Fenchel, Kümmel und Anis selbst mahlen und ein ganz anderes Aroma für unser Brot gewinnen. Wir könnten spielen und experimentieren mit verschiedenen Getreidesorten und Ölsaaten wie Sonnenblumen-, Kürbis-, Leinsamenkernen, mit Nüssen oder Mandeln. Selbst gebackenes Brot mit frisch gemahlenem Mehl und guten Zutaten fördert eindeutig unsere Gesundheit und hilft sogenannte Zivilisationskrankheiten zu vermeiden. Dabei gilt Dinkel, das alte Urgetreide, als besonders gesund und nahrhaft.

Ich nehme mir jetzt also Zeit, fahre in den nächsten Bioladen, lasse mir 1000 g Roggen zu Mehl mahlen, kaufe 300 g Natursauerteig (gibt es bereits fertig z.B. von der Firma Fontaine), einen Würfel Hefe, eine Packung Meersalz und unterhalte mich angeregt mit einer sehr engagierten Verkäuferin.

Nun steht es fest: Ich werde es wagen, ein Roggenbrot zu backen.

Rezept für ein Roggenbrot

1000 g frisch gemahlenes Roggenmehl
300 g Natursauerteig
1 Würfel Backhefe
2 gehäufte Teelöffel Meersalz
2–3 Würfel Rohrzucker oder
einen Teelöffel Honig
700 ml Wasser (lauwarm)

Ich gebe das frisch gemahlene Mehl in eine große Schüssel und mache in die Mitte des Mehlhaufens eine kleine Mulde. In diese Mulde schütte ich ein wenig lauwarmes Wasser und zu meinem Erstaunen hält sich das Wasser in dieser Mulde und versickert nicht. In meinen kleinen See lege ich nun die zwei Würfel Rohrzucker und zerbrösele den Hefewürfel ebenfalls in diese Mulde. Nun warte ich ein bisschen, bis sich Zucker und Hefe aufgelöst haben und leicht zu schäumen beginnen. Wenn nun also mein kleiner künstlicher See aufschäumt, gebe ich die 300 g Natursauerteig dazu. Zwei Teelöffel Meersalz habe ich bereits im restlichen Wasser aufgelöst und gebe es ebenfalls dazu. Jetzt knete ich das Ganze mit den Knethaken unseres Handmixers so lange durch, bis es einen schönen, geschmeidigen Teig gibt. Natürlich kann man auch mit den Händen kneten, aber das mag ich nicht.

Vor mir in der Schüssel liegt nun ein nicht besonders ansehnlicher bräunlich-grauer Klumpen, dem man nicht unbedingt ansieht, dass daraus in gut eineinhalb Stunden ein schmackhaftes Brot entstehen könnte (Oder habe ich vielleicht etwas falsch gemacht?). Ich lasse mich nicht irritieren, decke die Schüssel mit einem feuchten Tuch ab und stelle das Ganze für 20 Minuten direkt neben die aufgedrehte Heizung. Ein warmes Plätzchen ist in diesem Fall wichtig!

Während also mein Urbrei vor sich hin treibt, streiche ich zwei Kastenformen mit Olivenöl aus. Nach der 20-minütigen Ruhepause knete ich meinen Teig noch einmal kräftig durch und gebe ihn so in die Kastenformen hinein, dass sie nur halb gefüllt sind. Dann packe ich über die halb mit Teig gefüllten Kastenformen wieder ein feuchtes Geschirrtuch und lasse sie noch einmal neben der Heizung für eine halbe Stunde »meditieren«. Während dieser halben Stunde kann ich schon mal den Backofen vorheizen, und zwar auf 220 Grad. Ich stelle zusätzlich ein Schüsselchen mit heißem Wasser in den Ofen. Ist die halbe Stunde um, sollte der Teig in den Backformen sich so weit ausgedehnt haben, dass sie nun ganz gefüllt sind.

Stimmt: Mein Teig ist gewachsen und macht mir Mut, dass ich vielleicht doch nicht alles ganz falsch gemacht habe!

Nun rücke ich meinem »Kastenteiggebilde« mit einem scharfen Messer zu Leibe und ritze ihm einen Scheitel quer über die ganze Oberfläche. Scheitel und Oberfläche bepinsle ich nun mit reichlich lauwarmem Wasser.

Und nun schiebe ich meine Kunstwerke in einen auf 220 Grad vorgeheizten Heißluftherd. Nach 10 Minuten schalte ich den Herd auf 170 Grad herunter. Das Brot backt nun 50 Minuten. Insgesamt also 60 Minuten. (Im Heißluftherd die ersten 10 Minuten bei 220 Grad und die restlichen 50 Minuten bei 170 Grad; im normalen Herd bleibt das Brot 60 Minuten bei 220 Grad auf unterster Schiene.)

Nun ist mein Backgebilde, das nun tatsächlich einem Brot, wie man es so kennt, ähnlich sieht, fast fertig. Ich nehme die Kastenform aus dem Ofen und lasse mein Brot auf ein Holzbrett herausplumpsen. Nun besprühe ich das Brot reichlich mit Wasser – dazu verwende ich einen Wasserzerstäuber. Das vom Kasten befreite und mit Wasser besprühte Backwerk kommt nun noch einmal für zehn Minuten bei 170 Grad in den Ofen und fertig ist mein wirklich knackig aussehendes Roggenbrot. Stolz wie Oskar stelle ich »meine Brote« auf ein Gitter draußen auf dem Balkontisch und lasse sie abkühlen.

Zum Abendessen dann vor der versammelten, staunenden Großfamilie (»Papa hat ein Brot gebacken!«) der erste Happen – alle schauen zu mir, ich darf (muss) als Erster probieren und siehe: Es schmeckt herrlich! Wirklich – Brot backen und selbst gebackenes Brot essen ist nicht nur gesund, sondern auch ein Erlebnis – Erlebnisgastronomie sozusagen.

»Ich bin das Brot« – Meditation

Brot,
gutes, nahrhaftes Brot –
wie das duftet!
Allein der Gedanke daran
lässt mir das Wasser
im Mund zusammenlaufen.

Vergiss die labberigen
Fast-food-Brötchen
und den ganzen
künstlichen Chemiekram
aus irgendwelchen
Großbäckereien.

Brot, das schmeckt –
einfach so.
Brot, das satt macht –
ein Genuss,
auch Tage später noch.

Nicht nur unser Magen,
nicht nur unser Körper
braucht Nahrung.
Auch unser Herz
hat Sehnsucht, hat Hunger,
braucht Brot.

Jesus sagt:
Ich bin das Brot,
dieses echte, nahrhafte
und wohl gereifte Mittel,
das deinen Hunger nach Liebe
und sinnvollem Leben stillt.

Durch die Worte der Bibel,
die Erzählungen, Gleichnisse
und Lieder komme ich zu dir.
Nimm mich auf,
teile mich und du wirst sehen:
Ich wachse und vermehre mich,
und auch andere werden satt.

Ich bin das Brot,
das dir Kraft gibt
aufzubrechen
und gemeinsam mit anderen
die Zukunft zu meistern.

»Ich bin das Brot des Lebens,
wer zu mir kommt,
den wird nicht hungern.«

(Johannes 6,35)

»Ich bin das Brot« – biblischer Impuls

Die Speisung der 5000 (Markus 6/Johannes 6)

Wo immer Jesus sich hinbewegte, folgte ihm eine große Fangemeinde – kein Wunder also, dass Jesus von Zeit zu Zeit das Bedürfnis hatte, sich zurückzuziehen. Das konnte man zum Beispiel ganz gut, indem man mit dem Boot einfach raus auf den See Genezareth fuhr und an einer anderen und ruhigen Stelle anlegte.

Der Evangelist Markus berichtet uns von solch einer Situation im Kapitel 6 ab Vers 31: *»Da sagte er (Jesus) zu ihnen: Kommt mit an einen einsamen Ort, wo wir allein sind, und ruht ein wenig aus. Denn sie fanden noch nicht einmal Zeit zum Essen, so zahlreich waren die Leute, die kamen und gingen.«*

Was für ein Stress – Jesus und seine Freunde waren dermaßen eingespannt, dass sie noch nicht mal Zeit hatten, ihren Hunger zu stillen. Kein Wunder also, dass sie das dringende Bedürfnis hatten, sich zurückzuziehen, etwas zu essen und zu trinken – Feierabend zu machen. Zur Ruhe zu kommen.

Deshalb fuhren sie mit einem Boot in eine einsame Gegend, um alleine zu sein – endlich alleine, endlich keine Gespräche mehr, Feierabend!

Doch diesmal war alles anders (Markus 6,30–44) – irgendwie hatten die Leute mitbekommen, wohin Jesus und seine Jünger sich absetzen wollten.

Markus erzählt weiter: »*Aber man sah sie abfahren und viele erfuhren davon; sie liefen zu Fuß aus allen Städten dorthin und kamen noch vor ihnen an. Als er ausstieg und die vielen Menschen sah, hatte er Mitleid mit ihnen, denn sie waren wie Schafe, die keinen Hirten haben, und er lehrte sie lange.*«

Ich kann mir die Reaktion der Jünger lebhaft vorstellen. Nun konnten sie endlich einmal entspannen und hatten ein schönes Plätzchen für das Abendessen gefunden und nun kommen sie hin und es wimmelt nur so von Leuten. Alle waren sie gekommen, und es waren noch viel mehr Menschen als zuvor.

Sicher dachten die Jünger spontan: »Oh nein – das schaffe ich nicht. Ich halt das nicht aus. Los, Jesus, nichts wie weg hier, dann schlafen wir halt mitten auf dem See. Das ist doch eine Unverschämtheit, haben die Leute denn kein Gespür, irgendwann ist doch mal Schluss.«

Sicher, Jesus war ein richtiger Mensch, aber ein Mensch, in dem sich Gott, in dem sich die Liebe Gottes auf einzigartige Weise offenbarte und diese Liebe – hat niemals Feierabend: »*Als er ausstieg und die vielen Menschen sah, hatte er Mitleid mit ihnen, denn sie waren wie Schafe, die keinen Hirten hatten.*«

Wie »Schafe ohne Hirten«, so kommen mir die Menschen vor, und das ist auf alle Fälle ein guter Grund zusammenzukommen, wenn es da auf einmal jemanden gibt, der nicht, um eine Wahl zu gewinnen, nicht um ein neues Geschäft zu eröffnen und noch mehr Gewinn zu machen, nicht um noch mehr Macht zu haben, sondern der aus Liebe zu den Menschen alle Zeit und Kraft opfert, da zu sein und Orientierung und Hilfe zu geben – Hilfe zum

Leben –, und obwohl Jesus mit Sicherheit hundemüde, hungrig und durstig war, heißt es: »Und er lehrte sie lange.«

Wie eigenartig wirken da unsere kleinen Entschuldigungen, warum wir angeblich keine Zeit haben für uns selbst, für andere und für Gott, warum wir es »einfach nicht schaffen« still zu werden und regelmäßig die Begegnung und das Gespräch mit Gott unserem Vater zu suchen.

Jesus nimmt sich Zeit, viel Zeit, obwohl er alle Gründe hätte, eine fünfminütige Kurzandacht zu halten und sich, mit einem Stoßgebet auf den Lippen, rasch zu verabschieden.

»Gegen Abend kamen seine Jünger zu ihm und sagten: Der Ort ist abgelegen, und es ist schon spät. Schick sie weg, damit sie in die umliegenden Gehöfte und Dörfer gehen und sich etwas zu essen kaufen können.«

Endlich hatten die Jünger einen richtig guten Grund, Jesus zu unterbrechen, wenn er schon auf dem »Feierabendohr« taub war, so war doch die Tatsache, dass auch die Leute müde waren und Hunger hatten, ein wirklich guter Grund, die Veranstaltung nun zu beenden.

Und Jesus sagt: *»Gebt ihr ihnen zu essen«*, er sagte ihnen: Kümmert euch darum, dass sich die Leute wohlfühlen, dass auch für ihr leibliches Wohl gesorgt wird.

Genau das ist unser Auftrag als Christen: Nahrung – Lebensnahrung sollen wir liefern, die Liebe Gottes in der Weise an andere Menschen weitergeben, dass sie sich wohlfühlen und nicht in die Enge getrieben fühlen, dass sie ein gesund und heil machendes, ein sättigendes und ganzheitlich angelegtes Menschsein erfahren *durch uns*.

Wie weit sind wir mit unseren Gemeinden noch davon entfernt? Aber weiter in unserer Geschichte: Die Jünger reagieren mit einer Standardfrage: Und wer bitte soll das bezahlen? »Sollen wir etwa losziehen und von unserem Geld Brot für die ganze Meute kaufen?« Manchmal habe ich den Eindruck, dass die Erbsenzähler und »Geldbeutelklammerer« mehr die Vision einer Gemeinde bestimmen als die Worte Jesu.

Jesus geht darauf gar nicht ein. Eine der Grundfragen unseres westlichen Konsumlebens, »Werde ich genug Geld haben?«, ist für Jesus schlicht und einfach unwichtig. Das, worüber sich Politiker und Ausschüsse den Kopf zerbrechen: Wird das Geld reichen? Ist die Rente sicher?, diese Fragen sind für Jesus sekundär – und es sind letztendlich auch genau die Fragen, die unser Leben krank machen und zerstören können.

Stattdessen fragt er seine Freunde: »Was habt ihr einzubringen?« Jeder Einzelne, jede Einzelne von uns wird gefragt: »Was hast *du* einzubringen, was hast *du* mitgebracht?«

Es gibt viele tolle Projekte in unseren Gemeinden, die entstanden sind, weil Menschen bereit waren, das einzubringen, was sie an Begabungen und Möglichkeiten mit »im Gepäck« hatten. Wären die Initiatoren dieser Projekte beim »Erbsenzählen« stehen geblieben, wäre niemals etwas Neues entstanden – viel zu viel Aufwand, viel zu viel Hektik, viel zu viel Geld. Weil aber Menschen bereit waren zusammenzukommen und zu überlegen »Was kann ich mitbringen an Gaben, an Ideen und an Geld«, weil Menschen den Auftrag, »Gebt ihr ihnen zu essen«, ernst genommen haben, kommen hier Junge und Alte »auf den Geschmack, Jesus nachzufolgen«.

Und das Wunderbare geschieht: Wenn wir es wagen, nachzusehen in *unserem* Brotbeutel, nachzusehen, was *wir* mitgebracht haben und was *wir* einbringen können, dann werden alle satt. Es kommen dann nicht nur Menschen zusammen, es finden auch Menschen zueinander, Menschen begegnen sich – es entsteht Gemeinde.

Da kommt auf einmal so viel zusammen, dass noch eine ganze Menge übrig bleibt. Leben aus der Fülle – Leben aus der Gegenwart des Heiligen Geistes, kann nur da entstehen, wo ich ganz persönlich aufwache aus meiner Lethargie, wo ich aufhöre, mir mit irgendwelchen Scheinargumenten das wirkliche Leben vom Leib zu halten.

Jesus lädt uns ein zusammenzukommen, mit einzubringen, was wir haben, und wenn manche von uns Zweifel haben und unangenehme Fragen im Gepäck, gehören auch sie dazu, auch sie dienen der Gemeinschaft. Dort, wo wir als Christen beginnen, in dieser Weise zu teilen, findet wirkliche Begegnung statt und genau da sind wir auf dem Weg zu jenem ganzheitlichen Menschsein, so wie Gott es sich ursprünglich gedacht hat.

Auf dieses Ereignis bezieht sich Jesus, wenn er zu den Menschen, die ihn aufsuchen, sagt (Johannes 6,26f): »Ihr sucht mich nicht deshalb, weil ihr Zeichen gesehen habt, sondern weil ihr von dem Brot gegessen habt und satt geworden seid. Schafft euch Speise, die nicht vergänglich ist, sondern die da bleibt im ewigen Leben.«

Das ist die Anfrage, die Jesus an die Menschen stellt, die ihm hinterherlaufen: »Ihr habt zu essen und ihr werdet satt …« Ist das alles, ist das der Grund, warum ihr hier seid? Oder seid ihr hungrig nach »mehr«, nach »viel mehr«, habt ihr den Eindruck: »Da muss noch Leben ins Leben« (Wolf Biermann).

»Ich bin das Brot des Lebens.
Wer zu mir kommt,
den wird nicht hungern,
und wer an mich glaubt,
der wird nie mehr durstig sein.«
(Johannes 6,35)

»Unser täglich Brot gib uns heute«, beten wir im Vaterunser, und damit ist nicht nur die materielle Versorgung gemeint, sondern auch unser geistliches Leben und das will jeden Tag neu inspiriert und »empfangen« sein, es geht um eine dauerhafte Abhängigkeit. Auf eine gewisse Weise leben jene Menschen, die Jesus in dieser Welt nachfolgen, »von der Hand in den Mund«, sie sind auf den angewiesen, an dem sie sich orientieren, das macht uns abhängig, abhängig von der Gegenwart des Heiligen Geistes in unserem Leben, abhängig von der Weisheit Gottes in dieser Welt und abhängig vom Weg und Leben Jesu.

Es macht uns aber auch unabhängig von den Meinungsschwankungen unserer Umwelt, es macht uns unabhängig von den Schwankungen des Ethikbarometers der Gesellschaft, in der wir leben, und es macht uns unabhängig von den Maßstäben und Vorgaben, die andere an uns herantragen. »Ein Christ ist ein freier Mensch und gleichzeitig jedermanns Knecht«, hat Luther einmal gesagt.

Wer Jesus als das »Brot des Lebens« verinnerlicht, lässt sich auf einen tagtäglichen Prozess ein, der nur im täglichen Vollzug seine verändernde Wirkung in unserem Leben zeigen wird: *Dafür steht das Bild vom Brot.*

Es ist also nicht damit getan, dass ich mich einmal dazu entschließe, »Heute esse ich ganz viel Brot«, und mir dann richtig den Bauch vollschlage, um dann wieder vier Wochen zu fasten. Das ist ungesund!

Das Bild vom Brot steht für Kontinuität, für täglich stattfindende Spiritualität, geistlichen Stoffwechsel und für eine ganzheitliche Form von Glauben und Christsein, die uns aus dem Innersten, aus unserer körperlichen Verfasstheit her aufbauen möchte. Das Bild vom Brot möchte uns ermutigen, unseren Glauben, die Bibel und das Gebet als tägliche »Tankstelle« für unser Leben zu entdecken. Ich glaube, viele von uns haben es verlernt, regelmäßig zu beten, einen Psalm zu lesen oder vielleicht während einer Autofahrt ein Danklied zu singen. »Unser täglich Brot gib uns heute!«

Das »Brot« steht darüber hinaus für die Gemeinschaft, die es stiftet, wenn wir miteinander Abendmahl feiern, wenn wir in »Brot und Wein« die Gegenwart des auferstandenen Christus mitten unter uns feiern und miteinander wortwörtlich »das Brot des Lebens« essen und verinnerlichen.

Apostelgeschichte 2,42: »Sie blieben aber beständig in der Apostellehre und in der Gemeinschaft und im Brotbrechen und im Gebet.«

So kann das geteilte Brot als Urdatum christlicher Gemeinschaft angesehen werden, so wie das von Gott gespendete Brot als Urelement der Gemeinschaft zwischen Gott und seinem Volk in der Exodusgeschichte (Manna vom Himmel) vorkommt. Und dies ist gerade deshalb möglich, weil hier Gottes Gegenwart ganzheitlich und nicht nur mit dem Kopf erfahrbar wird. Das »Geheimnis des Glaubens« wird greifbar und spürbar und es verbindet die Menschen untereinander.

Sogar wenn wir, aufgrund eines unterschiedlichen Abendmahlsverständnisses, noch nicht miteinander Abendmahl feiern können, können wir doch zusammenkommen und miteinander essen und trinken, spüren und erfahren: Glaube und Christsein will uns ganz durchdringen – ist ein ganzheitliches Geschehen, bei dem wir mit allen Sinnen jetzt und heute die Liebe Gottes erfahren können.

»Ich bin das Brot« – Geste

»Ich bin das Brot des Lebens.

Zeigefinger und Mittelfinger zusammen gen Himmel –

dann beide Hände als Schale vor dem Brustkorb.

Wer zu mir kommt,
den wird nicht hungern,

Die Hände gehen in die offene Gebetshaltung.

und wer an mich glaubt,
der wird nie mehr durstig sein.«

Die Arme überkreuzt auf den Brustkorb.

»Ich bin das Brot« – Lied

Ich bin das Brot,
lade euch ein,
so soll es sein,
so soll es sein.
Brot lindert Not,
brecht es entzwei,
so soll es sein,
so soll es sein.

Kyrie eleison,
Christe eleison,
Kyrie eleison.

Ich bin die Quelle,
schenk mich im Wein,
so soll es sein,
so soll es sein.
Schöpft aus der Fülle,
schenkt allen ein,
so soll es sein,
so soll es sein.

Kyrie eleison,
Christe eleison,
Kyrie eleison.

Nehmt hin das Brot,
trinkt von dem Wein,
so soll es sein,
so soll es sein.
Wenn ihr das tut,
will ich bei euch sein,
so soll es sein,
so soll es sein.

Kyrie eleison,
Christe eleison,
Kyrie eleison.

»Ich bin das Licht der Welt«

Wir alle leben vom Licht. Ohne Licht würde diese Welt, diese Erde, würden wir nicht existieren. Das Lebenslicht des Planeten Erde nennen wir »Sonne«. Ohne die Sonne gäbe es kein Leben, keine Farben, keine Wärme. Und selbst wenn die Sonne nicht mehr direkt zu sehen ist und es Nacht wird, ist sie doch da. Sie bestrahlt den Mond und schenkt uns indirekt ihr Licht.

In vielen Religionen wird und wurde die Sonne als Gottheit verehrt, ein Gott oder eine Göttin, die strahlend, wärmend und erhellend über allem steht, die Leben schenkt, die uns glücklich macht.

»Und Gott sprach: es werde Licht und es ward Licht« lesen wir am Anfang der Bibel. Die Grundvoraussetzung für Gottes gute Schöpfung war das

Licht – ohne Licht keine Schöpfung, ohne Schöpfung keine menschliche Existenz. »Gottes Liebe ist wie die Sonne« singen wir ja manchmal in unseren Gottesdiensten. Auch jemand, der blind ist, spürt dieses Licht und die Wärme, die von ihm ausgeht. »Einen Platz an der Sonne« verspricht die Werbung oder wir reden von der »Sonnenseite des Lebens«. Sonne – dieses Urlicht ist seit jeher das Synonym für Wohlbefinden.

Licht begleitet unser Leben und hat Einfluss auf unser Wohlbefinden. Wie schön ist es, in der dunkleren und kälteren Jahreszeit zu beobachten, wie die Lichter angehen und auftauchen, wie die Häuser geschmückt werden. Das knackende Kaminfeuer als Sinnbild für gemütliche Atmosphäre und Behaglichkeit, mit Kerzenschein assoziieren wir schöne, feierliche, mitunter auch erotische Momente. Viele Häuser und Wohnungen sind mittlerweile mit ganzen Lichtsystemen ausgestattet – es beginnt im Außenbereich mit Strahlern, die im Garten bestimmte Lichtpunkte setzen, über Bewegungsmelder, die den Eingangsbereich sofort illuminieren, sobald sich eine Katze nähert, bis hin zu raffinierten indirekten und versenkten Leuchten, Punktstrahlern auf einzelne Bilder, über Dimmer bis hin zur ganz normalen Lampe über dem Esstisch. Die Lichtausstattung eines Raumes spielt heute eine enorme Rolle, wenn es um unser Wohlbefinden geht.

Die Art und Weise, wie wir uns kleiden und mit welchen Farben wir uns umgeben, hat etwas mit unserer Befindlichkeit zu tun. Mitte der 90er-Jahre habe ich für das ZDF eine neue Gottesdienstform »ausprobiert«, sie nannte sich »Bistro-Gottesdienste« und unser erstes Thema hieß »Infit und Outfit«. Dabei ging es um die Frage: »Was hat unsere äußerliche Erscheinung mit unserer inneren Befindlichkeit zu tun? Welche Rolle spielen die Farben, mit denen wir uns umgeben und kleiden im Bezug auf unsere Befindlichkeit?« Es war eine spannende Veranstaltung, bei der sich vom Punker mit Irokesenschnitt, über den »Müslifreak« bis hin zur Modedesignerin ein breites Spektrum möglicher Befindlichkeiten präsentieren konnte.

Ich erinnere mich an einen Töpfermeister, der in einem bestimmten Lebensabschnitt verschiedene Farbphasen hatte. Besonders gut erinnere ich mich an seine Grünphase, in der er begann, alles – vom PKW über die Kleidung bis hin zu den Wänden seines Wohnraumes – in Grün zu gestalten. Begleitet war diese »Grünzeit« durch eine besonders stark ausgeprägte Form des

»positiven Denkens«. Doch auch hier zeigte sich, dass man Wohlbefinden nicht äußerlich verordnen kann und dass es nicht reicht, das Ambiente und die Oberfläche zu stimulieren, sondern dass unser Wohlsein auch und vor allem mit einem inneren Heilwerdungsprozess Hand in Hand gehen muss. Wenn Mutter und Tochter Streit haben, nützt es nichts, wenn beide zum Friseur gehen, sondern die beiden müssen miteinander reden und sich versöhnen.

Von verschiedenen Malern (u.a. auch von Marc Chagall) wissen wir, dass sie in bestimmten Abschnitten ihres Schaffens eine Farbe besonders bevorzugten und dass diese Phase auch mit einem ganz bestimmten Gemütszustand einherging.

Farben und Licht haben viel miteinander zu tun, denn ohne Licht gäbe es keine Farben.

Gott hat einen Regenbogen, Licht und Farben über den Horizont gespannt als Zeichen seiner Liebe und Treue. Auch in unseren Gottesdiensten spielen Licht und Farben eine große Rolle: *Weiß* als die Farbe des Lichtglanzes, der Freude und der Reinheit, *Rot* als die Farbe des Feuers, der Liebe (des Heiligen Geistes) und des Blutes, *Grün* als die Farbe des Lebens, der Saat und der Hoffnung, *Violett*, die Farbe der Sehnsucht nach Licht und Leben und damit verbunden der Buße, und *Schwarz* die Farbe der Trauer und der Finsternis.

Was mit diesem Begriff alles ausgesagt werden kann, erahnen wir, wenn wir Redewendungen betrachten, zum Beispiel wenn »Sachverhalte erhellt« werden sollen oder wenn »Licht in das Dunkel« einer Affäre gebracht werden soll, wenn »etwas ans Licht kommt«. Es geht immer um Klarheit und darum, dass wir helle und wache Menschen sein sollen, die wissen, worüber sie reden. Christen sollten die bestinformierten Menschen sein, wir sollten uns einbringen in diese Gesellschaft! Jesus fordert die Menschen, die ihm nachfolgen, auf, »Salz und Licht« in dieser Welt zu sein – Akzente, die man wahrnimmt, mit allen Sinnen. Als am 9. November 1989 die Mauer fiel und jener Prozess beginnen konnte, der aus einem geteilten Deutschland wieder ein vereintes Deutschland machte (ein Prozess, der noch lange nicht abgeschlossen ist), so war dies das Ergebnis der »Revolution der Kerzen«, eine Revolution, bei der Hunderttausende den Mut fanden, auf die Straße zu gehen und gegen ein bestehendes totalitäres System aufzustehen: Eine Sternstunde der deutschen Geschichte. Das Licht erinnert mich daran, dass in einem totalitären System auch meine ureigenste Wohlbefindlichkeit stark beeinträchtigt wäre. Selbst ein Mensch, der nur das eigene Wohlsein im Blick hat, müsste spätestens hier einsehen, dass es geboten ist, sich gesellschaftspolitisch zumindest so weit einzubringen, dass er beispielsweise zur Wahl geht, wenn er die Möglichkeit dazu hat.

Sie merken – das Thema Licht berührt im Grunde die Gesamtheit unserer menschlichen Existenz – es ist wichtig, sich das klarzumachen, denn nur dann erahnt man, welche Tiefe und welche Weite das Wort Jesu hat: »Ich bin das Licht der Welt ...«

»Ich bin das Licht der Welt« – mit allen Sinnen

Ganz klar: Das Auge ist der erste Sinn, der durch das Licht angesprochen wird. Ohne Licht, ohne die Sonne, gäbe es die Erde, so wie wir sie kennen, nicht. Es gäbe kein Wachstum, kein Leben, keine Farben – wir Menschen wären gar nicht existent ohne dieses Urlicht, ohne die Sonne. In allen Religionen wird und wurde die Sonne immer auch als Sinnbild göttlicher Präsenz verstanden, denn es entspricht unserer täglichen Erfahrung, dass die Sonne unser Leben schön und warm macht und dass sie unser Leben erhellt. Auch im christlichen Glauben finden wir viele Beispiele, bei denen die alles überstrahlende Sonne mit der Liebe Gottes verglichen wird. Alles, was wir an Beleuchtungsmitteln kennen, führt im Grunde auf den Versuch zurück, irgendeine Eigenschaft der Sonne zu imitieren oder gar zu ersetzen. Aber das »Licht der Welt« ist und bleibt die Sonne. Und dieses Licht spricht all unsere Sinne an: die Augen sehen diese Welt, die Formen, die Farbe, das Schöne und das Hässliche, die Ohren hören eine Welt, die mit dem Licht erwacht – das beginnt sehr früh morgens mit dem ersten Vogelgezwitscher und endet abends mit dem Verklingen des letzten Rasenmähers – ja, wir können das Licht oder zumindest seine Auswirkungen hören. Genauso können wir die Auswirkungen des Lichts riechen und schmecken: Ein frostiger Wintermorgen riecht und schmeckt anders als ein Tag im Hochsommer, das können Sie auf dem Land genauso »erriechen« wie in der Stadt. Im Sommer mischt sich in der Stadt der Duft von Gegrilltem mit Autoabgasen und dem Duft von Cafés und Eisdielen und mit dem Duft vieler Eaux de Toilettes und Parfums der Passantinnen und Passanten in tollem Wechsel. Machen Sie sich doch einmal den Spaß und setzen Sie sich an einem heißen Sommertag in ein zentrales Café einer Stadt, schließen Sie die Augen und hören Sie einfach nur mal, was Sie da wahrnehmen – oder nehmen Sie es einmal mit einem kleinen Aufnahmegerät auf. Sie werden staunen, wie das klingt. Längst gibt es schon Klang-CDs, die den speziellen Klang einer Stadt eingefangen haben, und zwar auch zu unterschiedlichen Tages- und Jahreszeiten. Licht, sogar die unterschiedlichen Stärken und Intensitäten von Licht kann man hören und riechen. Und natürlich kann man das Licht auch spüren. Sobald es im Frühjahr die ersten wärmeren Sonnenstrahlen gibt, sieht man auch schon die ersten »Sonnenanbeter«, die ihren Körper sehnsuchtsvoll dem Lebenslicht entgegenstrecken. Trotz aller Warnungen vor gefährlichen UV-Strahlen lieben es die meisten Menschen, sich möglichst luftig bekleidet dem wärmenden Licht auszusetzen. Die An- oder Abwesenheit der Sonne hat unmittelbare Auswirkungen auf unsere Stimmungslagen und unser Wohlbefinden.

»Ich bin das Licht der Welt« – im Alltag

Welche Rolle spielt das Licht in Ihrem Leben? Wie gestalten Sie die Lichträume in Ihrer Wohnung? Gehen Sie doch mal in Gedanken Ihren Alltag durch und überlegen Sie, welche Rolle das Licht spielt. Fragen Sie sich: Wo habe ich zu wenig Licht?, aber auch: Wo ist es mir zu hell? Es gibt heutzutage so viele Möglichkeiten, wie wir uns spezielle »Lichträume« schaffen können, die zu unserem Wohlbefinden beitragen.

Für mich ist so ein spezieller Lichtraum das prasselnde Feuer eines offenen Kamins oder noch besser eines dänischen Bollerofens mit großem Sichtfenster (die Nase bevorzugt die zweite Variante). Vor allem in der kälteren Jahreszeit gehört der abendliche Plausch vor dem lodernden Feuer zu den Highlights eines Tages. Das Feuer unterhält mich und es unterhält sich mit mir, nimmt mir die Hektik und verleiht Gesprächspausen etwas Meditatives und Beruhigendes. Im Feuer kann ich meinen Gedanken nachhängen und einfach auch einmal nichts tun – das ist sehr wohltuend.

Genauso wie ich es morgens schön finde, die Rollläden hochzuziehen und die Sonne hereinzulassen, genauso kann es schön und gut sein, zu bestimmten Anlässen eine oder mehrere Kerzen anzuzünden und den abendlichen Raum in ein wohltuend dezentes Licht zu tauchen. Auch für die Erotik und unser Sexualleben spielen Licht und Ambiente eine wichtige Rolle. Wie sieht Ihr Schlafzimmer aus – ist es ein erotischer Platz oder eher eine Mischung aus Kajüte und Kleiderkammer?

Als Sänger und Liedermacher bin ich sehr oft zu Gast in anderen Häusern und habe auch viele Pfarrhäuser kennengelernt. Immer wieder bin ich beim Betreten eines solch großen Hauses richtig erschrocken: Wie sieht es hier denn aus? Überall liegen Sachen herum, der Eingangsbereich quillt über von wahllos abgestellten Schuhen, Die Atmosphäre ist kalt, düster und muffig und an den Wänden hängen zu allem Überfluss auch noch zwei Poster mit frommen Sprüchen, die darauf hinweisen, wie wohltuend die Liebe Gottes sei. So möchte ich nicht begrüßt werden und noch viel wichtiger: So möchte ich bei mir zu Hause niemanden begrüßen. Sie können in den meisten Fällen sicher sein, dass der Zustand des Eingangsbereiches eine erste Aussage ist, was die Gestaltung des restlichen Wohnraums betrifft. Manche Menschen leben in einem Chaos und einer, fast möchte ich sagen, »lieblosen Unordnung«, die häufig Ausdruck ihrer äußeren Gedankenlosigkeit ist. Das *Ich bin Wort* vom Licht möchte uns ermutigen, dass wir uns Gedanken machen, auch über so scheinbare Nebensächlichkeiten wie die Art und Weise, wie wir leben und wohnen. Nun wird die eine oder der andere vielleicht sagen: »Na ja, das sind halt Familien mit vielen Kindern, da geht es schon einmal drunter und drüber.« Das ist sicher richtig. Meine Frau und ich kennen das, denn wir haben auch zwei Kinder. Und dennoch: Es kann hilfreich und heilsam sein, wenn wir unser eigenes Zuhause einmal mit den Augen eines Fremden oder eines Gastes begutachten. Oft werden wir dann feststellen: Mensch, bei uns sieht es mal wieder aus wie bei »Hempels unterm Bett«. Ob wir es wollen oder nicht, die Gestaltung unseres Lebensambientes hat viel mit unserem Wohlbefinden zu tun und sagt auch eine Menge über unsere grundsätzliche Befindlichkeit aus.

Darf ich Sie einladen, einmal bei sich selbst zu Gast zu sein? Was hören, sehen, riechen, schmecken und fühlen Sie? Geben Sie sich doch dafür einfach mal spontan Noten von 1–6 und betreten Sie nun mit unten stehender Liste:

den Bereich vor der Haustür

Sehen: ______________________

Hören: ______________________

Riechen/Schmecken: ______________________

Fühlen: ______________________

den Eingangsbereich (Garderobe etc.)

Sehen: ______________________

Hören: ______________________

Riechen/Schmecken: ______________________

Fühlen: ______________________

das Wohnzimmer
Sehen: ______________________
Hören: ______________________
Riechen/Schmecken: ______________________
Fühlen: ______________________

die Küche
Sehen: ______________________
Hören: ______________________
Riechen/Schmecken: ______________________
Fühlen: ______________________

die Gästetoilette
Sehen: ______________________
Hören: ______________________
Riechen/Schmecken: ______________________
Fühlen: ______________________

das Schlafzimmer
Sehen: ______________________
Hören: ______________________
Riechen/Schmecken: ______________________
Fühlen: ______________________

das Bad
Sehen: ______________________
Hören: ______________________
Riechen/Schmecken: ______________________
Fühlen: ______________________

Mir persönlich hilft diese Übung immer wieder, dass ich aus meiner Lethargie erwache, den inneren Schweinehund überwinde und beginne, in den eigenen vier Wänden gestalterisch tätig zu werden. Ich bekomme dann richtig Lust aufzuräumen.

Natürlich gibt es auch das andere Extrem. Es ist durchaus weit verbreitet, dass manche das Äußere überbetonen und dabei das innere Wohlbefinden verkümmern lassen. Ich denke, hier muss jeder und jede für sich das richtige Gleichgewicht finden, und vielleicht haben Sie ja auch mit den Augen eines Fremden oder eines Gastes Ihr Wohnambiente zwar nicht für optimal, aber durchaus Ihnen entsprechend empfunden – dann ist es ja gut.

Übung mit Kerze: Zünden Sie doch einmal regelmäßig (oder zumindest in der »Lichtwoche«) eine Kerze an, wann immer Sie in privater Umgebung sind, und lassen Sie ein Licht Ihre Atmosphäre verändern. Nicht umsonst sind zur Weihnachts- und Adventszeit alle ganz versessen auf Kerzen – sie erwärmen unsere Seele und erhellen unseren Geist.

»Ich bin das Licht« – Meditation

Ich bin das Licht der Welt,
kein Scheinwerfer,
der dich blendet
und in die Ecke treibt,
kein kaltes Neonlicht,
das deine Arbeit überwacht,
ich bin ein Licht,
das flackernd
leuchtet in die Nacht.

Ich bin das Licht der Welt,
der Welt, in der du lebst.
Ich leuchte dir auf deinem Weg.
Hab keine Angst
vor den Schatten,
die gehören zu dir
und sie gehören zu mir.

An ihnen erkennst du:
Ich bin da,
denn wo Schatten ist,
da ist auch das Licht.

Ich bin das Licht,
das dich erleuchtet
und das dir hilft,
zu dir zu stehen:
zu Licht und Schatten,
dich neu zu sehen:
im Licht der Liebe
und loszugehen:
hinein in die aufgehende Sonne.

»Ich bin das Licht« – biblischer Impuls

Ich bin das Licht der Welt ...
(Johannes 8,1-16)

Die Schriftgelehrten zerren am frühen Morgen eine Frau vor Jesus und stellen sie in den Mittelpunkt, sie haben diese Frau »im Ehebruch« in flagranti (»epi moicheia« heißt es im Urtext) erwischt und sie gewissermaßen aus dem noch warmen Liebeslager auf die Straße gezerrt und hin zu Jesus getrieben. Diese Frau stellen sie in die Mitte – offensichtlich waren in der Zwischenzeit genügend Menschen zusammengelaufen, sodass sich ein Kreis um Jesus und diese Frau gebildet hatte. *»Und sie sprachen zu ihm: Meister (oder auch Lehrer), diese Frau wurde auf frischer Tat im Ehebruch ergriffen. Mose hat uns im Gesetz geboten, solche zu steinigen. Was sagst Du? Das aber sprachen sie, um ihn zu versuchen und damit sie eine Sache, ein Argument gegen ihn hätten.«*

Eine Männergesellschaft sieht rot und Rot ist hier nicht im liturgischen Sinn die Farbe der Liebe, wohl aber des Blutes, die Farbe des Hasses und der Wut – besinnungs- und erbarmungslose Wut – wie ein rotes Tuch, das den Stier zur Raserei treibt. Bebend vor Wut und vor Hass auf diese Frau, aber auch auf den Menschen Jesus von Nazareth stehen sie vor ihm und stellen ihm eine Falle. Sie haben Jesus umzingelt und mit ihm diese Frau, sie haben die Steine schon in der Hand, bereit loszuwerfen und die Frau zu töten. Warum nicht gleich auch diesen Jesus mit steinigen, sollte er ein freches Wort sagen, sollte er versuchen sich herauszuwinden?

Eine äußerst gefährliche Situation, sowohl für Jesus als auch natürlich für die Frau.

»Aber Jesus bückte sich nieder und schrieb mit dem Finger auf die Erde.«

Jesus durchbricht den Kreislauf von Gewalt und Gegengewalt, indem er sich verletzbar macht. So in gebückter Haltung, auf die Erde konzentriert wäre er ein leichtes Ziel für den ersten und alle weiteren Steine gewesen. Er nimmt den Druck aus der Situation, indem er erst einmal Ruhe einkehren lässt und scheinbar spielerisch, meditativ etwas in den Sand malt ... Es ist viel darüber spekuliert worden, was Jesus wohl da in den Sand gemalt oder geschrieben hat.

Manche Exegeten vermuten gar, er hätte die Namen der umstehenden Ankläger in den Sand geschrieben, aber ich glaube das nicht. Ich glaube, Jesus hat einerseits den Druck aus der Situation nehmen wollen – vielleicht hat er auch Zeit gebraucht, die richtigen Worte zu finden, sicherlich hat er auch gebetet – andererseits wurde die Spannung dadurch fast bis ins Unerträgliche gesteigert und vielleicht dachten die Schriftgelehrten: »Das darf doch wohl nicht wahr sein, sind wir denn hier in der Politik, will der das Problem vielleicht ›aussitzen‹?« Fast fordernd haken sie nach: »Was ist nun, wie ist *deine* Meinung? Beziehe endlich Stellung, damit wir diese Frau und vielleicht auch gleich dich mit ihr steinigen können.«

Jesus wartet noch einen Moment, dann richtet er sich auf und spricht zu ihnen, zu den Männern, das heißt, er schaut ihnen in die Augen und sagt: »Wer von euch ohne Sünde ist, der werfe den ersten Stein auf sie!« Und dann bückt er sich wieder und malt weiter in den Sand.

Eine ungeheure Dramaturgie liegt in dieser Szene. Jesus wirft mit einem einzigen wohlgewählten Satz einen Lichtkegel auf die blinden Flecke der Umstehenden: »Wer von euch ohne Schuld ist, werfe den ersten Stein!« Für einen kurzen Moment lässt er die Männer in die »Büchse der Pandora« schauen und erschaudern (in die Büchse, in der der griechischen Sage nach alle Übel der Welt verschlossen waren und sich nach dem Öffnen über die Welt verbreiten konnten). Dann wendet er sich wieder ab und dem Sandboden zu.

Auch das ein wichtiger und geschickter Schachzug. Jesus gibt den Männern die Chance, ihr Gesicht zu wahren, indem er ihnen nicht weiter in die Augen schaut, sondern auf den Boden und sie sich quasi anonym verabschieden können.

Und plopp, plopp hört man die Steine fallen, im gleichen Maß wie »der Groschen fällt« und mit ihm die Erkenntnis wächst: »Wir sind ja um keinen Deut besser als diese Frau, die wir gerade hinrichten wollten.« Die Wahrheit kommt ans Licht. *»Da sie das aber hörten, gingen sie hinaus, einer nach dem anderen ... und Jesus war allein gelassen und die Frau in der Mitte ...«* (Vers 9)

Warum erzähle ich diese Geschichte aus dem Leben Jesu? Sie hat doch nun wirklich nichts mit der Aussage Jesu, »Ich bin das Licht der Welt«, zu tun. Es sei denn, man möchte grundsätzlich alle Erzählungen über sein Leben in diese Richtung deuten.

Nun im Johannes-Evangelium ist die Begebenheit mit der Ehebrecherin gewissermaßen Vorgeschichte oder Einleitung zu diesem *Ich bin Wort*:

> *»Ich bin das Licht der Welt. Wer mir nachfolgt, der wird nicht wandeln in der Finsternis, sondern wird das Licht des Lebens haben.«* (Johannes 8, Vers 12)

Ganz so einfach scheint es also nicht zu sein mit dem Licht. Jesus bringt Licht in unser Leben und das kann zunächst auch einmal wehtun und mich erschüttern. Wenn Jesus tatsächlich das Licht der Welt ist und ich ihm erlaube, auch Licht *meiner* Welt zu sein, dann beginnt eine spannende, aber mitunter sicher auch schmerzhafte Entdeckungsreise in die Abgründe meiner Persönlichkeit. In tieferer Weise lerne ich die oder den kennen, der ich bin, weil nun auf einmal auch die Schattenräume ans Licht kommen (dürfen). Vor Gott bin ich wie ein offenes Buch – und ich werde *nicht* abgewiesen, ich werde *nicht* gesteinigt, sondern ich darf leben und darf wissen »ich bin geliebt, so wie ich bin«. Das ist Wellness – dieses klare Lebenslicht, zu dem auch die letzte meiner »Kröten« hinhumpeln darf und nicht sofort erstickt und gesteinigt wird. Im Licht der Liebe Gottes darf ich mich entkrampfen und entfalten in der ganzen Schönheit und Schrecklichkeit meiner Person.

In unserer Gesellschaft, mitunter sogar auch in unseren Gemeinden, ist das anders. Da gilt es, den Schein zu wahren, und wenn überhaupt Licht, dann bitte nur auf die glänzenden Seiten unseres Daseins. Doch was nützen die besten Sauna-Wellnessfarben, was nützen mir 14 Tage am Strand von Ibiza letztendlich, wenn es in mir phasen- und stellenweise dunkel bleibt und dunkel bleiben muss, weil niemand bereit ist, mit mir in meine Abgründe zu schauen, ohne mich dem spöttischen Ausverkauf preiszugeben? Was nützen mir all die vielen Lampen und Lichter, wenn ich innerlich die Vorhänge zugezogen habe?

Jesus sagt:

> *»Ich bin das Licht der Welt. Wer mir nachfolgt, der wird nicht wandeln in der Finsternis, sondern wird das Licht des Lebens haben.«* (Johannes 8, Vers 12)

Und er sagt es nicht nur, sondern er sorgt für Licht, Licht im Leben des Blindgeborenen, von dessen Heilung nur ein Kapitel später berichtet wird, und wieder spielt der Sand, die Erde, die Erdverbundenheit eine entscheidende Rolle, gerade so als wollte uns Jesus neu »erden«. Sprechen wir Christen nicht immer vom Himmel und vom Leben nach dem Tod? Dabei geht es zunächst einmal um unser Leben hier auf der Erde, es geht darum, dass wir nicht mit blinden Flecken auf der Seele einfach so weitermachen, sondern dass wir geerdet der Realität ins Auge blicken. Jesus macht einen Brei aus Speichel und Erde, schmiert ihn dem Blinden auf die Augen und heilt ihn von seiner Blindheit, bringt nun auch physisch Licht in seine Finsternis.

Jesus ist sich nicht zu schade, sich die Hände schmutzig zu machen, damit Licht in unsere Dunkelheit kommt. Egal, mit welchen Lasten, egal, mit welchen »Leichen im Keller« wir leben – Jesus kennt dich und mich von Grund auf – *und* er wendet sich *nicht* ab! Das ist Wellness: *Ich darf sein!* Ja, mehr noch: Ich kann mich an die Baustellen meines Lebens stellen und habe endlich wieder eine Perspektive, nämlich heraus aus dem Hass auf einen bestimmten Menschen, heraus aus den Schuldgefühlen wegen eines ganz bestimmten Vorfalls, heraus aus der Wut auf mich selbst, auf meine Eltern, auf die vertanen Chancen meines Lebens. All die traurigen und kränkenden Seiten meines Lebens dürfen aus dem Schatten ins Licht treten, denn Jesus möchte sie beleuchten und mich erleuchten.

Mein geheimes Leben (Gebet)

Mein geheimes Leben
tief im Labyrinth
meiner tausend Träume,
die dort gefangen sind,
hat mich nie vergessen,
meldet sich, ist da,
wenn ich nachts nicht schlafe,
spür ich es ganz nah.

Mein geheimes Leben
findet selten statt;
in verborgnen Räumen
funkelt es nur matt.
Mein geheimes Leben
sieht so anders aus;
vielleicht kommt es einmal
ganz von selber raus.

Mein geheimes Leben
kennst alleine du,
Tränen mancher Sehnsucht
gehören wohl dazu,
zu dem ganzen Menschen,
den du liebst und willst,
dessen Durst und Hunger
du am Ende stillst.

Mein geheimes Leben
hab ich manchmal satt.
Ich erschrecke vor dem,
was es in sich hat.
Mein geheimes Leben
birgt so manche Schuld.
Doch du lässt mich leben,
Schöpfer der Geduld.

In Gedanken
und in Worten
und in Werken:
mein geheimes Leben.

Mein geheimes Leben
kennst alleine du,
Tränen mancher Sehnsucht
gehören wohl dazu,
zu dem ganzen Menschen,
den du liebst und willst,
dessen Durst und Hunger
du am Ende stillst.

»Haben die anderen dich nicht verurteilt, so verurteile ich dich auch nicht, gehe hin und sündige fortan nicht mehr«, so endet unsere Vorgeschichte zu dem Lichtwort Jesu. Und dieser letzte Satz eröffnet neues Leben im Licht der Liebe – ich darf so kommen, wie ich bin, aber ich muss nicht so bleiben.

Bei einer Massage werden die behandelten Muskeln erwärmt und so lange massiert, bis die Verspannungen und Muskelverhärtungen sich lösen.

Wellness für Leib und Seele geschieht da, wo auch meine inneren Verspannungen durch die Kraft der Vergebung herausgeknetet werden und in mir der Wunsch wächst, mir selbst und auch anderen zu vergeben.

»Ich bin das Licht der Welt« – Geste

Ich bin das Licht der Welt.

Zeigefinger und Mittelfinger zusammen nach oben strecken, dann einen Kreis (Kugel) malen und mit offener Handschale enden.

Wer mir nachfolgt, der wird nicht wandeln in der Finsternis,

Handschale trennt sich und beide Hände werden zum Gesicht hinbewegt und schließlich auf das Gesicht gelegt.

sondern wird das Licht des Lebens haben.« *(Johannes 8, Vers 12)*

Arme und Hände öffnen sich zur offenen Gebetshaltung.

»Ich bin das Licht der Welt« – Lied

*Licht, Licht, Licht –
es werde Licht,
Dunkelheit zerbricht.
Licht, Licht, Licht –
es werde Licht,
fürchte dich nicht.*

*Sehne mich nach Wahrheit,
dem Licht, das mich erhellt.
Sehne mich nach Klarheit
in einer wirren Welt.*

*Sehne mich nach Glut,
dem Licht, das mich entfacht.
Sehne mich nach Wut,
die mich lebendig macht.*

*Sehne mich nach Liebe,
dem Hoffnungsschein der Welt,
sehne mich nach Liebe,
weil mir oft Liebe fehlt.*

*Licht, Licht, Licht –
es werde Licht,
Dunkelheit zerbricht.
Licht, Licht, Licht –
es werde Licht,
fürchte dich nicht.*

»Ich bin die Tür«

Ich finde Türen faszinierend. Vor allem alte Türen, in denen noch kunstvolle Schnitzereien zu erkennen sind, Türen, in denen die Zeit ihre Spuren hinterlassen hat, deren Oberfläche geprägt und geformt wurde durch zehntausend Berührungen: klopfen, pochen, ja sogar treten und ich spreche aus Erfahrung, denn unsere Kinder treten schon mal mehrmals kräftig gegen die Haustür, sodass die ganze Bude wackelt, wenn sie denken, wir hören die Klingel nicht. Erwachsene, Kinder, Omas und Opas, Vertreter, Pfarrer, Gerichtsvollzieher, Bestatter, Ärzte, Freunde, Verwandte, sie alle sind durch diese Tür ein- und ausgegangen. Türen – wenn sie erzählen könnten – das wäre ein abendfüllender Krimi. In meinem Arbeitszimmer hängt ein Poster mit lauter verschiedenen Türen irischer

Pubs in Irland – eine wunderschöne und originelle Farben- und Formenpracht, die sich einem da eröffnet.

Es gibt Haustüren, Garagentüren, Hoftüren, Kellertüren, Glastüren, Drehtüren, Küchentüren, Stahltüren, Feuerschutztüren, Kirchentüren, Hintertüren, automatische Türen, Holztüren, Kunststofftüren, Schranktüren, Ofentüren, Autotüren, Stalltüren, Gittertüren, Gefängnistüren, Sicherheitstüren, Gemeindehaustüren, Klotüren – die Welt ist voller Türen, und hinter jeder Tür eröffnen sich Räume, manchmal sogar Welten. Türen sind vielversprechend und spielen deshalb in unseren Sagen und Märchen eine ganz besondere Rolle.

Wenn Sie ein ganz normales Märchen einmal unter diesem Aspekt betrachten, werden Sie auf einmal ganz viele Türen entdecken, so beispielsweise im Märchen von Hänsel und Gretel: Die Kinder verlassen zweimal das Haus und kehren zweimal zurück, die Hexe öffnet plötzlich die Tür und lockt die Kinder herein, sie sperrt den Hänsel hinter eine Gittertür und wird schließlich durch die Ofentür gestoßen. Ohne Türen würde dieses wohl bekannteste Märchen also gar nicht funktionieren und so wird hier gleich deutlich: Türen haben nicht nur eine positive Funktion – sie können gefährlich, mitunter sogar lebensbedrohlich sein. Noch offensichtlicher wird dies bei Märchen, in denen eine »verbotene Tür« eine Rolle spielt. Eine verbotene Tür – etwas ganz Feines –, das ist fast genauso spannend wie die »verbotene Frucht« am »Baum der Erkenntnis«. »Verbotene Türen« sind gemein, denn sie appellieren an unsere Neugierde. Nichts reizt uns mehr, als etwas, was wir nicht dürfen, und zwar ohne weitere Begründung. »Du darfst da nicht rein, weil es nicht gut für dich ist!« Schon rumort es in uns: Das wollen wir doch erst einmal sehen, das wollen wir doch erst einmal selbst entscheiden, ob etwas gut für uns ist oder nicht. Verbieten Sie etwas oder gestalten Sie es möglichst geheim – das ist die beste Werbung, die sie für eine Sache machen können. Dornröschen wäre der 100-jährige Schlaf und uns dieses Märchen erspart geblieben, wäre da nicht diese alte verschlossene Tür gewesen und dieser alte rostige Schlüssel, den das neugierige Gör unbedingt ausprobieren musste. In jedem Fall gilt: Türen symbolisieren, auch in unseren Träumen, Übergänge – den Übergang von einem Raum zum anderen.

In seinen *Chroniken von Narnia*, einer siebenbändigen Kinderbuchreihe, beschreibt C.S. Lewis im zweiten Band, wie die Kinder Peter, Susan, Edmund und Lucy in den Wirren des zweiten Weltkrieges in einem alten Landhaus bei einem entfernten Verwandten, einem alten Professor, unterkommen. Das Haus ist riesig und draußen regnet es, also spielen die vier »Verstecken«. Lucy, die Jüngste, versteckt sich in einem alten Kleiderschrank, schließt die Tür hinter sich zu, wühlt sich durch ein paar alte Mäntel und landet schließlich im Land Narnia, einer wunderbar fantasievollen Welt, geschaffen von dem Löwen Aslan und nun bedroht von der Zaubermacht einer schrecklichen weißen Hexe. In allen Büchern geht es nun darum, dass die Kinder die Aufgabe haben, die bedrohte Welt mithilfe von Aslan zu retten und zu befreien, und immer wieder spielt die Tür als Symbol und Medium für den Übergang von einer Welt zur anderen eine wichtige Rolle.

Das Bild der Tür erinnert uns aber auch daran, was in unserer Gesellschaft alles »hinter verschlossenen Türen« gemauschelt und gedreht wird, wie viele Menschen es gibt, die verfolgt und inhaftiert werden ohne Prozess, vielleicht allein aufgrund der Tatsache, dass sie ihre Meinung frei geäußert haben. Wie selbstverständlich ist es für uns, dass wir uns frei äußern können, dass uns alle Grenzen offenstehen, dass wir mobil sind. Gruppen wie *Amnesty International* oder die *Gesellschaft für bedrohte Völker* verdienen unsere Unterstützung und Beachtung. Und ein ganz besonders schönes Beispiel, wie Türen sich öffnen können, finden wir in der deutschen Geschichte: Das Brandenburger Tor konnte deshalb wieder geöffnet werden, weil Menschen, und zwar die Menschen in der damaligen DDR den Mut hatten, sich politisch einzubringen.

»Ich bin die Tür« – mit allen Sinnen

Eine geöffnete Tür springt zunächst einmal ins Auge, sie ist eine optische Einladung: Komm herein und entdecke den nächsten Raum! Ich muss gar nicht viel dazu sagen, die geöffnete Tür spricht gewissermaßen im Bild zu mir, und dieses Bild regt meine Fantasie an, fordert mich heraus, mich zu entscheiden, ob ich den nächsten Raum betreten möchte oder nicht. Nicht ganz so offensichtlich, aber vielleicht noch verlockender verhält es sich mit einer verschlossenen Tür, allerdings sind da die Sensibilitäten recht unterschiedlich, wie der folgende Dialog zeigt:

Sie: Schau mal, diese wunderschöne alte Tür ...

Er: Wo?

Sie: Na da, diese schwere alte Tür in der Mauer dort, mit den vielen Holzschnitzereien. Passt irgendwie gar nicht zu diesem Haus und ist auch viel zu wertvoll für so eine Bruchbude. Mich würde doch sehr interessieren, was sich dahinter verbirgt.

Er: Du bist ja mal wieder überhaupt nicht neugierig, oder? Was soll sich schon großartig dahinter verbergen? Ein Stall vielleicht oder ein Abstellraum für Fahrräder, Vorräte und Gerümpel ...

Sie: Wie unromantisch. Hinter so einer wertvollen Tür beginnt bestimmt ein geheimer unterirdischer Gang, ein Kellerlabyrinth unter der Stadt, längst vergessen ...

Er: Vergiss es. Du hast mal wieder eine blühende Fantasie. Immer noch das kleine Mädchen, das an Märchen glaubt ...

Sie: Ich bin kein kleines Mädchen, und außerdem könnten wir ja mal nachsehen, was sich hinter dieser Tür verbirgt ...

Er: Das geht doch nicht! Du kannst nicht einfach in ein wildfremdes Haus eindringen. Das ist Hausfriedensbruch. Wahrscheinlich lauert dahinter ein scharfer Bullterrier, der nur darauf wartet, dass jemand eindringt ...

Sie: Feigling! Komm, wir probieren es mal!

Er: Oh, schau mal, die geht ja von selbst auf!

Dieser kleine Dialog führt uns mitten hinein in die Ambivalenzen, die eine Tür, in diesem Fall eine verschlossene Tür auslösen kann – allein durch den optischen Reiz und die damit scheinbar verbundene Botschaft, einzutreten oder eben draußen zu bleiben. An diesem Dialog lassen sich aber auch die Reize für unsere anderen Sinne festmachen:

Türen klingen ...

Man kann Türen hören. Türen übermitteln uns akustische Botschaften.

Wenn unsere Tochter wutentbrannt die Treppe hochstapft und anschließend kräftig die Tür zuknallt, dann hören wir eine ganz bestimmte Botschaft: Jemand ist sauer, jemand lässt Dampf ab und jemand bricht zunächst einmal sehr entschlossen zumindest die akustische Verbindung ab, indem er oder sie die Tür zuknallt. Das ist eine eindeutige Botschaft: Lasst mich in Ruhe, ich will nichts mit euch zu tun haben.

Wenn zwei Menschen zusammen in einem Raum schlafen und der eine geht später ins Bett und öffnet und schließt leise und behutsam die Tür, so lautet die akustische Botschaft: Ich will dich nicht stören, ich will so agieren, als läge ich schon im Bett.

Türen quietschen, an Türen wird gepoltert, Türen klappern, Türen schleifen und Türen eröffnen oder schließen akustische Räume. Wenn ich mit meinen Musikern eine neue CD aufnehme, dann spielen Türen eine ganz entscheidende akustische Rolle. Ohne schalldichte Türen kann man keine reinen Tonaufnahmen machen. Und auch in der Seelsorge signalisieren die doppelt abgedichteten Türen zum Arbeitszimmer eines Pfarrers vor allem eines: Das, was in diesen vier Wänden besprochen wird, darf und kann nicht nach außen dringen.

Die Tür tut mir gut, denn sie hilft mir,
Geräusche, Atmosphären, Stimmen,
Botschaften und die Stille zuzulassen
oder auszusperren.

Türen duften ... und schmecken

Man kann Türen riechen oder man kann zumindest riechen, ob eine Tür geöffnet oder geschlossen ist. Das offensichtlichste Beispiel hierfür ist die Toilettentür. Wenn eines unserer Familienmitglieder oder ein Gast unser Gästeklo ausgiebig in Anspruch genommen hat und dann die Tür zum Eingangsbereich und sei es nur einen Spalt offen stehen lässt, dann verändert das automatisch die Atmosphäre zumindest im Eingangsbereich.

Wenn wir früher als Studenten regelmäßig Squash gespielt haben, kam es nicht selten vor, dass die Küche des angeschlossenen Restaurants ihre Tür offen stehen ließ und uns so schon während des Spiels ihr verlockendes kulinarisches Angebot gewissermaßen über die Nase feilbot. Das Konzept ging in der Regel auf, denn man konnte schon während der letzten Spielminuten feststellen, dass sich die eigene Speichelsekretion auf ein ganz bestimmtes Mahl eingestellt hatte. Dass diese Verlockungen unserem Bemühen, schlank und fit zu bleiben, eher abträglich waren, hatten Mund und Nase gegen Ende des Spiels längst in den Hintergrund gedrängt.

Aber auch die Türen selbst können duften. Eine neue Tür riecht anders als eine alte Tür, manche alte und wertvolle Holztüren sind mit Wachs eingelassen oder einem bestimmten Öl. Eine Holztür riecht anders als eine aus Stahl oder eine PVC-Tür und natürlich hat die Tür zu einem Schafstall (und auf die bezieht sich Jesus schließlich zunächst einmal) den Geruch von Schaffell und Schafschweiß. Das lässt sich dann auch auf Atmosphären und Ideologien übertragen, wenn wir von jemandem sagen, er hätte einen ganz bestimmten »Stallgeruch«.

Die Tür tut mir gut, denn sie hilft mir
zu entscheiden, was ich riechen
und schmecken möchte.

Türen sind begreifbar

Dass man Türen anfassen und mit dem Körper begreifen kann, ist genauso offensichtlich wie die Tatsache, dass man sie sehen kann. Ich kann eine Tür aufstoßen oder ich kann eine Tür zuziehen. Ich kann mich gegen eine Tür stemmen oder ich kann eine Tür aufbrechen.

Die Tür hat in der Regel ein Schloss und eine Klinke – beides muss und kann ich anfassen, um etwas damit zu machen. Als wir in unser Haus neu eingezogen sind, ist es uns regelmäßig passiert, dass wir die Haustür zugemacht haben, ohne den Haustürschlüssel mitzunehmen. Das ist uns vier- oder fünfmal passiert. Der Mann vom Schlüsseldienst erkannte uns bereits beim dritten Mal schon an der Telefonnummer auf dem Display seines Handys und er meldete sich süffisant mit: »Ja, Herr Bittlinger?« Es war für uns faszinierend mitzuerleben, wie schnell und problemlos dieser Mann innerhalb von Sekunden eine Tür öffnen konnte, wenn sie nicht von innen abgeschlossen war. Schmerzhaft war freilich, dass wir jedes Mal eine Menge Geld zahlen mussten. Nun steht an der Innenseite unserer Haustür auf Augenhöhe ein kleiner Aufkleber mit der Einwortfrage: »Schlüssel?«

Eine Tür auf- oder zumachen, das ist etwas Handfestes – ich kann etwas tun und gestalten. An unserem örtlichen Gymnasium gab es eine Musikgruppe, die mit sieben oder neun Türen ein ganzes Musikstück (mit dem schönen Namen *OverTÜRE*) gestaltete, indem sie die Türen in unterschiedlichen Rhythmen und Lautstärken öffneten und schlossen.

Mit einer Tür kann ich Dampf ablassen, indem ich sie zuschlage, ich kann andere bedrängen oder mich bemerkbar machen, indem ich dagegentrete. Und ich kann eine Tür bewusst schließen und ganz bewusst öffnen. Ich kann die Tür zumachen für Personen und Inhalte, die mich runterziehen und kaputtmachen. Ich kann die Tür öffnen für Freunde, Gäste und Atmosphären, die ich bei mir haben möchte.

Die Tür tut mir gut, denn sie hilft mir ganz praktisch, mich anderen zu öffnen oder zu verschließen. Sie schenkt mir einen privaten Raum.

»Ich bin die Tür« – im Alltag

Dass Bill Gates sein Computerprogramm »Windows«, also »Fenster« genannt hat, liegt in der Sache selbst, aber er hätte das Programm auch »doors« (übersetzt »Türen«) nennen können, denn hier geht es, wie bei allen Computerprogrammen um die Entscheidung: »auf« oder »zu«; »ja« oder »nein«; »0« oder »1«. Öffne ich ein Fenster oder eine Tür, eröffne ich damit einen neuen Raum. Lasse ich dagegen eine Tür oder ein Fenster geschlossen, halte ich mich somit auch fern von einem Raum. Dazu der Satz: »Wer nach allen Seiten offen ist, der kann nicht ganz dicht sein!« Diese »Weisheit« bekommt im Zeitalter des Internet und der Microchips noch einmal eine besondere Bedeutung. So kann es ziemlich teuer werden, wenn man ohne einen entsprechend aktualisierten Virenscanner einfach so ins Internet geht, denn da gibt es Programme, die sich selbst Türen und Fenster öffnen und Ihren Computer verseuchen und zerstören können.

Was für den Computer gilt, könnte auch als Sinnbild für unser Leben verstanden werden. Ich habe den Eindruck, dass vielen Zeitgenossen so ein Virenscanner für ihre eigene Vorstellungs- und Bilderwelt völlig abhandengekommen ist. »Alles ist möglich!«, »Anything goes!«, »Hauptsache Spaß!« und »Geiz ist geil« sind die Schlachtrufe einer materialistisch geprägten orientierungslosen Gesellschaft, die vor allem eines verloren hat, das richtige Maß, einen Maßstab, der hilft zu entscheiden: »Mache ich auf oder mache ich zu? Sage ich Ja oder sage ich Nein?«

Die Tür ist das Bild für meine grundlegenden Lebensentscheidungen: Wie möchte ich leben? Was soll mein Leben bestimmen? Wofür öffne ich mich oder wo mache ich dicht? Was bejahe ich und was lehne ich ab?

Und nun durchdenken und durchleben Sie einmal Ihren Tag anhand der Tür:

Es beginnt mit dem Aufstehen. Öffne ich beim Aufstehen die Augen oder torkle ich im Halbschlaf ins Badezimmer und rüttle mich so allmählich wach – bin ich ein schneller Türöffner oder brauche ich meine Zeit?

Es geht weiter beim Frühstück: Öffne ich als Erstes die Rolläden und die Balkontür und lasse frische Morgenluft herein oder bleibe ich lieber erst einmal im Dunkeln? Öffne ich mich beim Frühstück den anderen oder bin ich eher verschlossen (Morgenmuffel)? Öffne ich die Zeitung oder lasse ich sie zu?

Vieles tun wir mittlerweile unbewusst und es kann helfen, sich einmal bewusst zu machen, wo ich aufmache und wo ich dichtmache. Tun Sie dies einmal anhand Ihres ganzen Tagesablaufes. Basteln Sie sich eine kleine Tür und stellen Sie diese wie eine Kerze auf Ihren Tisch als Erinnerung. Man kann das verbinden mit einem kleinen Kästchen, in dem Kärtchen mit einem biblischen Zuspruch für jeden Tag enthalten sind, oder verschiedene Bibel- und Weisheitsverse, die den Gedanken der Tür aufgreifen und fortführen und uns einen »Tür«-Gedanken mit auf den Weg geben, den man sich dann im Laufe des Tages immer wieder bewusst machen kann.

Durchdenken und durchwandern Sie nun einmal Ihr Zuhause. Welche Rollen spielen die Türen in Ihrer Wohnung? Wo ist eine Tür zu viel? Wo wäre eine Tür wünschenswert? Sind es schöne und gute Türen? Gefallen Ihnen Ihre Türen? Machen sie den Raum heller oder dunkler? Haben Ihre Türen einen freundlichen und offenen Charakter oder kommen Sie sich durch sie eher beengt und eingeschlossen vor?

Das Haus, in dem ich mit meiner Familie lebe, haben wir nicht selbst gebaut. Wir haben die dunkelbraunen, eher preiswerten Türen nicht selbst ausgesucht, und es dauerte ein bisschen, bis wir bemerkten, wie sehr diese Türen unser Wohlbefinden störten und beeinträchtigten. Es war eine verblüffende Erfahrung zu entdecken, welch andere Lebensqualität schöne neue Türen bringen können. Unser Wohnraum ist nun heller, lichtdurchlässiger und die Gesamtatmosphäre freundlicher und offener.

Das Bild von der Tür möchte uns helfen, ganz praktisch in unserem alltäglichen Leben zu entscheiden: »ja« oder »nein«, »auf« oder »zu«. Angelehnte Türen, halb offene Türen können gefährlich sein, denn ihre Botschaft ist nicht eindeutig. Ein Windhauch kann sie auf- oder zustoßen und es kann passieren, dass sie im falschen Moment ein unangenehmes Geräusch verursachen. Nur die Möglichkeit der Vergebung und der Versöhnung könnte mit einer angelehnten (noch nicht definitiv geschlossenen) Tür beschrieben werden.

»Ich bin die Tür« – Meditation

Ich bin die Tür,
tritt ein
und sei willkommen.
Jeder und jede
ist eingeladen.
Komm herein
und fühl dich –
wie zu Hause.

Hier
kannst du aufatmen,
hier
kannst du durchatmen
und spüren,
wie die Sonne
dir ins Gesicht scheint
und der Wind
die Haare streichelt.

Ich bin die Tür,
ich falle nicht
hinter deinem Rücken
schwer ins Schloss.
Ich bin offen,
jederzeit
offen für dich.

Du kannst kommen
und gehen,
wann immer du willst,
und die Freiheit
wird dich begleiten.

»Ich bin die Tür« – biblischer Impuls

Gleich die erste Erzählung »außerhalb des Paradieses« kommt nicht mehr ohne eine Tür aus. »Keine Türen«, das konnte man sich nur im Paradies leisten, außerhalb *»lauert die Sünde vor der Tür, wenn du nicht fromm bist …« (1. Mose 4 Vers 7)* Nur wer im Paradies lebt, braucht sich nicht abzugrenzen, muss sein Eigentum nicht schützen, will nicht seine Ruhe haben. In der normalen Welt dagegen brauchen wir sofort eine Tür, die uns schützt. Ohne Tür keine Arche Noah, ohne Tür keine Türpfosten, ohne bestrichene Türpfosten keine Errettung des Volkes Israel, ohne Tür keine Stiftshütte, kein Tempel, kein Wunder im Feuerofen, ohne Tür, der Zimmermann Josef brotlos und ohne Tür auch keine Himmelstür.

So weit unser kleiner Streifzug durch die Bibel anhand der Tür. »Ich bin die Tür«: Jesus greift ein elementares biblisches und menschliches Bild auf, wenn er dies sagt. Er meint dabei nicht irgendeine Tür, sondern: »Ich bin die Tür zu den Schafen.« Wer nicht zur Tür in einen Schafstall hineingeht, sondern durch ein Fenster oder eine Hintertür, der führt nichts Gutes im Schilde, ist wahrscheinlich ein Dieb oder Räuber. Tatsächlich, wir können dies tagtäglich erleben, dass Leute versuchen, bei uns über die Hintertür einzudringen, über »das Fenster zur Welt«, den Bildschirm, das »Fenster zum Internet« oder das »Fenster zur Unterhaltung – das Fernsehfenster«. Man versucht uns über den Tisch zu ziehen und uns zu übervorteilen, uns Dinge aufzuschwätzen, die wir nicht brauchen, uns Traumwelten vor Augen zu malen, die uns unzufrieden machen. Es sind Diebe und Räuber, die über das Fenster kommen, und wir laden sie auch noch kräftig dazu ein!

»Ich bin die Tür,
wenn jemand durch mich eingeht,
der wird gerettet werden
und wird ein- und ausgehen
und Weide finden.«

(Johannes 10, Vers 9)

Jesus bezeichnet sich selbst als Tür, als Eröffnung zum Leben, als Kontrast zu dem Dieb, der nur kommt, um zu stehlen, zu würgen und umzubringen. Bestohlen werden, abgewürgt werden, um etwas gebracht werden: Bleiben wir in diesem Zusammenhang ruhig einmal beim Thema »Fernsehen«. Kaum ein Medium »stiehlt« uns so viel Zeit, kaum ein Medium »würgt« so viele notwendige Gespräche, Auseinandersetzungen und Zeitmöglichkeiten füreinander ab, kein anderes Medium »bringt uns um« kreative Lebensmöglichkeiten, um lebendige Beziehungen untereinander. Es ist häufig schon so weit, dass wir uns via »big brother« in andere Wohnzimmer schalten, um mitzuerleben, wie »man lebt«.

Jesus ist deshalb die Tür, weil er für ein Leben steht, das wir selbst in die Hand nehmen und selbst gestalten müssen. Viele von uns »lassen sich leben«, leben fremdbestimmt. Jesus ist die Tür zu einem selbstbestimmten, wachen Leben, wach für die Lichtspuren Gottes in dieser Welt, die mich auf einen spannenden Weg führen zu einem engagierten, kreativen und liebevollen Menschsein.

»Ich bin die Tür« – Geste

Ich bin die Tür,

Beide Hände werden von der Mitte des Brustkorbs nach außen in eine offene Haltung geführt.

wenn jemand durch mich eingeht,

Beide Hände werden wieder zurück zur Mitte des Brustkorbs geführt.

der wird gerettet werden

Beide Arme in offener Haltung himmelwärts strecken.

und wird ein- und ausgehen und Weide finden.

Die offenen Arme und Hände nach vorne strecken.

»Ich bin die Tür« – Lied

Komm herein

Komm herein, komm herein,
ruh dich aus, ruh dich aus,
ich bin die Tür, hier beginnt dein Zuhaus.

Lang hat's gedauert, doch nun bist du hier.
Bist angekommen und stehst nun vor mir.
Nun hab den Mut und tritt ein durch mich,
ich bin die Tür, hab gewartet auf dich.

Bin nicht verschlossen, bin offen für dich,
hier bist du sicher, denn ich schütze dich.
Bist du bei mir, dann bist du zu Haus,
benutze mich, hey, das macht mir nichts aus.

Vielleicht hast du manchen Weg schon probiert,
wurdest enttäuscht und hast längst resigniert.
Trau mir doch bitte, trau mir was zu,
die Liebe lädt dich ein zum Rendezvous.

Komm herein, komm herein,
ruh dich aus, ruh dich aus,
ich bin die Tür, hier beginnt dein Zuhaus.

»Ich bin der gute Hirte«

»Ich bin der gute Hirte«, sagt Jesus und er bezieht sich dabei auf einen der Wellnesstexte der Bibel schlechthin, den Psalm 23: »Der Herr ist mein Hirte.«

Bei diesem Bild vom guten Hirten geht es um die Frage: »Wie lebe ich und wie möchte ich leben?« Der Lebensstil eines Hirten steht für ein einfaches, naturverbundenes Leben – ein Leben im Einklang mit der Natur. Es steht für einen Lebensstil, der uns in unserer reichen und von der Natur entfremdeten Konsumgesellschaft fremd ist. Ich behaupte, dass viele von uns deshalb so unzufrieden sind und deshalb so einen gehetzten Eindruck machen, weil wir es verlernt haben, das Einfache und Schöne, das uns von Natur aus umgibt, zu erkennen und wertzuschätzen. Im Rahmen unserer

»Ökumenischen Wellnesswochen« haben wir auch immer einen Hirten zu Gast, der uns mit hineinnimmt in »seine Welt« und der sagte einmal: »Früher haben wir viel einfacher gelebt, unsere Eltern waren arm und hatten kaum Geld und trotzdem hatten wir eine wunderschöne Kindheit und waren nicht so überfordert und zugedröhnt.«

Wir können dieses Bild tatsächlich nur dann verstehen, wenn wir uns klarmachen, was es bedeutet, ein Hirte zu sein, und was es bedeutete, zur Zeit Jesu ein Hirte zu sein. Außerdem unterscheidet Jesus noch einmal zwischen zwei verschiedenen Arten von Hirten, der eine ist ein »Mietling«, ein »Angestellter« würden wir heute sagen, einer, dem die Herde, die er betreut, nicht selbst gehört. Er weidet die Herde im Auftrag eines anderen, eines fernen Besitzers, der ihn für seinen Job bezahlt. Dass solch ein Angestellter einen anderen Bezug zu den Schafen hat als einer, dem die Herde gehört, ist nachvollziehbar. Aus unserer modernen Berufswelt wissen wir, dass ein angestellter Mitarbeiter, der monatlich seinen Lohn bekommt, in der Regel einen ganz anderen Bezug zur Arbeit hat, als einer, der das freiberuflich und selbstständig tut. Der »Mietling« – so mutmaßt Jesus wohl zu Recht – wird letzten Endes, wenn es hart auf hart kommt, nicht zuverlässig sein. Zumindest wird er nicht bereit sein, sich unter Lebensgefahr für seine Schafe einzusetzen. Aus der Sicht des Schafes, also, um im Bild zu bleiben, aus unserer Sicht, ist es so gesehen nicht besonders beruhigend zu wissen, dass der, der auf uns aufpasst und über uns die Wache hält, im Zweifelsfall an die eigene Sicherheit und an das eigene Überleben denken wird.

Der gute Hirte, den Jesus beschreibt und dessen Bild auch im 23. Psalm entfaltet wird, kennt seine Schafe, sie gehören zu ihm und er gehört zu ihnen. Dieser Hirte würde zusammen mit seiner Herde sein Leben, seine Passion und seine Zukunft verlieren und er wird im schlimmsten Fall sein Leben einsetzen, um die Schafe vor einer Bedrohung zu retten. Er steht damit für den Menschen, der weiß, wohin er gehört und was seine Aufgabe ist. Er hat das gefunden, wofür es sich lohnt, schlimmstenfalls zu sterben. Ein glücklicher Mensch.

So gilt es, dieses Bild vom guten Hirten immer wieder von verschiedenen Seiten zu beleuchten, zum einen aus der Perspektive des Hirten und seines Lebenswandels, zum anderen aber, und das sicherlich noch vordringlicher, aus der Sicht des Schafes, desjenigen, das umsorgt und behütet wird und das fröhlich in die Zukunft schauen darf, mit der Perspektive: Mir wird es an nichts fehlen. Der Psalm 23 ist also auch eine Anleitung zur Gelassenheit.

»Und ob ich schon wanderte im finsteren Tal, fürchte ich kein Unglück, denn du bist bei mir.« Wie viele mochten diesen Vers aus dem Psalm 23 innerlich gebetet haben, als sie in den Wochen und Monaten vor dem 9. November 1989 unter den Argusaugen der Stasi auf die Straße gingen und für Reisefreiheit und mehr Demokratie ihr Leben aufs Spiel setzten? Diese Wochen waren ein »finsteres Tal« und ich weiß von einigen, die demonstriert haben, dass sie große Angst hatten, die Armee könnte einschreiten und die ganze Angelegenheit blutig beenden. Schließlich beschreibt das *Ich bin Wort* Jesu vom guten Hirten die »Mietlinge«, die bezahlten Hirten, denen die Herde nicht gehört. Sie werden als »nicht zuverlässig« charakterisiert, als Feiglinge, die nur das eigene Wohl im Blick haben und die, wenn es hart auf hart kommt, lieber die Flucht ergreifen, als in der Not ihren Mann zu stehen. Viele unserer Politiker und Funktionäre machen auf mich genau diesen Eindruck: Sie haben zunächst einmal das eigene Wohl und dann das ihrer Partei im Blick. Stärken wir jenen den Rücken, die zuverlässig sind.

»Ich bin der gute Hirte« – mit allen Sinnen

Das Bild vom guten Hirten spüre ich unmittelbar »auf« der Haut und es geht mir »unter« die Haut: Mit allen Sinnen nehme ich ihn wahr, wie er wandert mit seiner Herde. Wind, Sonne, Kälte und Regen spürt er unmittelbar, er lebt damit, dass es kalt und nass werden kann, dass am Tag heiß die Sonne brennt, und er genießt den kühlen Abendwind. Der mit seiner Herde wandernde Mensch kennt die Bedeutung einer Strecke, weil er sie selbst und zu Fuß zurückgelegt hat, er erlebt einen Weg, den wir achtlos »hinter uns bringen«, wir, die wir nur möglichst schnell von A nach B gelangen wollen. Beim Hirten stimmt dieser oft überstrapazierte Satz »Der Weg ist das Ziel«: Das, was auf dem Weg zu entdecken und zu finden ist an Nahrung und Schönheiten der Natur, das ist das Ziel seiner Reise. Der Text »Langsam durch die schnelle Zeit ...« erinnert uns daran, dass wir das Leben in unserer unmittelbaren Nähe häufig verpassen, weil wir permanent den Hals nach dem »weiter Entfernten« recken. Es gibt die Geschichte von jenem Indianerhäuptling, der die Rechte seines Volkes vor der UNO-Hauptversammlung vertreten sollte und wollte und zu diesem Zweck von Brasilien nach New York geflogen war. Als er gelandet war und in einem Hotelzimmer Quartier bezogen hatte, verbrachte er zunächst vier Tage auf dem Boden sitzend in seinem Zimmer. Auf die Frage, warum er nicht die Zeit nutze, Land und Leute kennenzulernen, soll er geantwortet haben: »Ich muss warten, bis meine Seele nachgekommen ist.«

Die Schafe kennen die Stimme des Hirten und der Hirte erkennt das Blöken seiner Schafe – gerade bei Nacht. Im Dunkeln ist das Gehör auf beiden Seiten von besonderer Bedeutung. Dieses Bild möchte uns einladen, auf die Stimmen zu hören, die zu uns gehören, die uns guttun, uns Mut machen und uns helfen zu leben. Ich habe da ein, zwei Freunde, die zum einen ziemlich berühmt und zum anderen ziemlich reich sind. Diese Kombination ist für viele Menschen sehr verlockend, sie möchten nur zu gerne mit einem, der reich und berühmt ist, Kontakt haben. Für die Prominenten jedoch ist dies ein Problem, weil sie auf einmal ganz viele Menschen kennenlernen, die nett und hilfsbereit sind, dann aber beginnen ihnen Ratschläge und Tipps zu geben, wie sie beispielsweise ihr Geld anlegen oder dies oder jenes Problem lösen könnten. Für diese Prominenten ist es eine Lebensaufgabe herauszufinden, wer ein Mietling und wer ein echter Freund ist. Erst Lebenskrisen zeigen: »Freunde gibt es unter den vielen, die mir jahrelang auf die Schulter geklopft haben, nur ganz, ganz wenige.« Das wollen wir nicht wahrhaben. Solange es uns gut geht, wollen wir das nicht wahrhaben, dass wir lernen müssen, unter den vielen Stimmen, die auf uns einströmen, tatsächlich jene herauszuhören, die uns guttun und weiterbringen. Das haben Diamanten und Freunde gemeinsam: Erst wenn man sie aus der Fassung bringt, erkennt man ihren eigentlichen Wert.

Der Hirte kennt seine Schafe und sie erkennen ihn – sie sehen ihn, wie er dasteht mit seinem Hirtenstock, der ihm als Stütze, Wanderstock und Waffe zugleich dient. In regelmäßigen Abständen zählt der Hirte die Schafe seiner Herde und er hat jene besonders im Blick, die sich am Rand aufhalten, die krank oder schwächer als die anderen sind. Von ihm kann ich lernen, die Meinen im Blick zu behalten, gerade jene, mit denen wir tagtäglich umgehen, sind oft Opfer unserer Gedankenlosigkeit. Es kommt uns so selbstverständlich vor, dass sie da sind und »funktionieren« – ob das nun der Ehepartner, die Familie oder Mitarbeiter sind. Wenn wir einander im Blick behalten und wertschätzen wollen, müssen wir uns klarmachen, wie gefährdet wir sind und dass es ein Geschenk ist, zusammen sein zu dürfen, zusammenarbeiten und zusammenleben zu dürfen. Mir tut es gut, hin und wieder bestimmte Menschen, die mein ganz alltägliches Leben prägen, neu in den Blick zu bekommen, an sie zu denken, für sie zu beten und sie zu segnen. In einem weiteren Schritt möchte ich lernen, auch jene stärker in den Blick zu bekommen, die am Rande stehen und die nicht so funktionieren wie der Rest der Herde. Und in einem noch weiteren Schritt möchte ich die Anteile meines Lebens, die zu mir gehören, die aber durch Beruf und Termindruck an den Rand gedrängt wurden, neu in den Blick bekommen: Wovon träume ich? Was würde ich gerne einmal machen, wenn man mir die Zeit dazu schenken würde?

Der gute Hirte und die Seinen halten die Nase in den Wind – sie riechen und schmecken den Winter mit seiner klirrenden Kälte, mit den zugefrorenen Bächen und Seen und den verschneiten Grasflächen, der Geruch von Winter ist auch der Geruch von Stall und Heu, von Leben auf engstem Raum, der Geruch vom wärmenden Fell des anderen, aber auch der Geruch von Kot und Urin. Sie riechen den Frühling, die erwachenden Pflanzen, die Blüten, die Gräser und das offene Land – sie kennen den Geruch von: »Jetzt geht es endlich wieder los!« Auch der Sommer hat seinen eigenen Duft und Geschmack – er schmeckt trocken, das Wasser schmeckt köstlich, saftiges Gras ist selten und schmeckt von daher besonders gut. Die Getreide-, Mais- und Rapsfelder reifen und duften. Und auch der Herbst hat seinen eigenen Duft und seine Geschmacksreize. Die Früchte, die Trauben, das, was wir im Herbst ernten und wofür wir zum Erntedankfest Danke sagen, lässt mir den Herbst auf der Zunge zergehen.

Ich möchte lernen, die Nase noch öfter in den Wind zu halten, das Außergewöhnliche jeder Jahreszeit zu riechen und zu schmecken. Wir haben uns zwar daran gewöhnt, dass es Erdbeeren auch im Winter gibt, aber wir wissen sehr gut, dass Erdbeeren und Tomaten im Sommer, wenn sie bei uns geerntet werden, viel besser schmecken. Ich liebe beispielsweise Spargel und freue mich jedes Jahr darauf, wenn es ihn wieder frisch gibt und wenn der Speiseplan dann für etwa zwei Monate um dieses herrliche Gemüse erweitert wird. In dieser Zeit essen wir viele Spargelgerichte. Aber das reicht dann auch wieder – ich muss nicht das ganze Jahr über Spargel haben. Daran möchte ich anknüpfen. Machen Sie es sich bewusst: Weniger ist oft mehr! Genießen Sie die Dinge dann, wenn sie »dran« sind. Dazu das folgende Gebet:

Du guter Hirte,

hilf mir bei meiner Lebenswanderung,
die Bedeutung einer Strecke zu erkennen,
weil ich sie selbst und zu Fuß
zurückgelegt habe,
ich möchte den Weg erleben,
den ich oft achtlos »hinter mich bringe«,
erinnere mich tagtäglich daran,
dass ich ganz oft das Leben
in meiner unmittelbaren Nähe verpasse,
weil ich permanent den Hals
nach dem »weiter Entfernten« recke.

Lehre mich zu hören
auf die Stimmen,
die zu mir gehören,
die mich weiterbringen,
die mir nachhaltig guttun,
mich stärken,
ermutigen
und die mir helfen
zu leben.

Du guter Hirte,

ich will lernen,
die Meinen im Blick zu behalten.
Gerade jene, mit denen ich tagtäglich
umgehe,
sind oft Opfer meiner Gedankenlosigkeit –
es ist ja selbstverständlich,
dass sie da sind und »funktionieren«.
Hilf mir, sie nicht »aus dem Blick«
zu verlieren,
und segne sie.
Hilf mir auch,
die Anteile meines Lebens,
die zu mir gehören,
die aber durch Beruf und Termindruck
an den Rand gedrängt werden,
neu in den Blick zu bekommen.

Ich möchte lernen,
die Nase noch öfter in den Wind zu halten,
den Reiz der Jahreszeiten
zu riech[illegible] nd zu schmecken.
Da[illegible] ch anknüpfen
[illegible] iger ist oft mehr.
[illegible] Dinge dann,

»[illegible] rte« –
[illegible] g

In der Hölle, so sagt man, sitzen alle u[illegible] nen großen Topf herum, gefüllt mit einer leckeren Suppe – aber niemand kann von der Suppe essen, weil die Stiele der Löffel viel zu lang sind. Im Himmel, so sagt man, sitzen auch alle mit ihren viel zu langen Löffeln um einen großen Topf, gefüllt mit einer leckeren Suppe – aber alle sind fröhlich und satt, weil sie sich gegenseitig füttern.

Wie kommt es eigentlich, dass ich nie wirklich zufrieden bin? Irgendetwas fehlt mir doch immer. Irgendwelche Wünsche sind immer offen. Wie schön wäre es doch, wenn ich einmal wirklich sagen könnte: »Mir wird nicht mangeln.«

»Mangeln« ist ein komisches Wort. Wir kennen es vielleicht noch aus der Schulzeit: »mangelhaft« – das ist eine Fünf. »Mangelhaft« bedeutet, dass da einiges fehlt, das Ergebnis ist nicht zufriedenstellend.

»Mir wird *nicht* mangeln« bedeutet: Ich vertraue darauf, dass mir nichts fehlt, dass ich gerade nichts verpasse und dass das, was ich jetzt gerade tue, genau das Richtige für mich ist.

Doch die Wahrheit ist: Ich bin unzufrieden ...

... weil mir manchmal langweilig ist;
... weil ich mir manches nicht leisten kann;
... weil ich gerne mehr Freunde hätte;
... weil ich mich selber hässlich finde;
... weil ich mich mit anderen vergleiche, die es besser haben;
... weil mir mein Beruf keine Freude bereitet;
... weil ich so wenig Zeit für mich selbst habe;
... weil ich manchmal einfach unzufrieden bin;
... weil ...

Sicher fallen Ihnen noch viele Punkte ein, mit denen Sie unzufrieden sind.

Haben Sie Lust, einmal aufzulisten, warum Sie sagen könnten: »Ich bin zufrieden, weil ...«

Ich könnte zufrieden sein ...

... weil ich in einem friedlichen Land lebe;
... weil ich gesund bin;
... weil ich zur Arbeit gehen kann;
... weil es Milliarden von Menschen viel schlechter geht als mir;
... weil meine Eltern mich lieb hatten oder haben;
... weil ich Freunde habe;
... weil ...

Stellen Sie sich vor, Sie haben ein Glas Wasser, aus dem Sie ein paarmal trinken. Haben Sie dieses Glas jetzt vor Augen? Was würden Sie sagen? Ist das Glas halb voll oder ist es halb leer? Sie sehen, dass man ein und denselben Gegenstand ganz unterschiedlich beschreiben und empfinden kann. Jemand, der grundsätzlich eher negativ eingestellt ist (ein Pessimist), wird sagen: Das Glas ist halb leer und bald ist es ganz leer und dann haben wir gar nichts mehr.

Jemand, der eher positiv eingestellt ist (ein Optimist), wird sagen: Das Glas ist halb voll und bald ist es dreiviertel voll und irgendwann vielleicht ganz voll – schön und hoffnungsvoll – und irgendwann wird das Glas überlaufen.

Die Stimmung, von der ich mein Leben bestimmen lasse, beeinflusst den Grad meiner Zufriedenheit. Wenn ich denke: Das Glas ist halb voll, dann kann ich auch sagen: »Mir wird nicht mangeln!«

Die Werbung suggeriert uns natürlich etwas ganz anderes. Mit gut gemachten Film- und Musiksequenzen zeigt sie uns permanent Kleider, Getränke, CDs, Reisen und vieles andere, das wir unbedingt noch haben müssen. »Wohnst du noch oder lebst du schon?«, fragt zum Beispiel ein nordisches Möbelhaus und versucht uns, den Käufern einzureden, dass alle, die nicht in einem ganz bestimmten Stil eingerichtet sind, mehr oder weniger vor sich hin vegetieren, anstatt wirklich zu leben. Die Werbung versucht uns unzufrieden zu machen. Sie sagt genau das Gegenteil von »mir wird nicht mangeln«, sie schreit, singt, tanzt und spielt uns vor: »Dir fehlt was, dir fehlt was, dir fehlt was ...«

Noch offensichtlicher wird das bei der Werbung »Geiz ist geil«. Geiz ist im Grunde genommen etwas Schreckliches. Wenn jemand zu Ihnen sagt: »Du bist aber geizig!«, dann ist das kein Kompliment. Geizige Menschen sind unzufriedene Menschen, weil sie Angst haben, zu kurz zu kommen, und weil sie in erster Linie an sich selbst denken. Und jetzt kommt eine Werbung und behauptet »Geiz ist geil« und versucht das Wort »Sparsamkeit« durch das Wort »Geiz« zu ersetzen. Diese Werbung hat gut funktioniert. Die Kunden haben sich offensichtlich einreden lassen, dass »Geiz« tatsächlich etwas Tolles ist. Ist das nicht verrückt?

Der Psalm 23 will uns helfen ...

Mir wird nichts mangeln

Mir wird nichts fehlen – kann das stimmen?
Irgendetwas fehlt mir doch immer.
Nie bin ich wirklich zufrieden.
Und doch will ich darauf vertrauen,
dass mir eigentlich nichts fehlt,
dass ich nur die Augen öffnen muss
und sehen kann:
Alles, wonach ich mich sehne, umgibt mich.
Und ich habe sehr viel Raum.

Wie im Paradies ...

Stellen Sie sich vor, Sie wären ein Schaf, ein Schaf, das den ganzen Tag nur frisst, schläft, trinkt und wieder frisst. Ihre Hauptbeschäftigung, Ihr Lebensinhalt wäre Fressen. Und Sie stellen fest: Da, wo ich lebe, geht mir niemals der Stoff aus. Ich werde immer genug Weide haben, um meiner Lieblingsbeschäftigung, dem Fressen, nachzugehen. Ich brauche mir keine Sorgen zu machen. Der Satz des letzten Kapitels »mir wird nichts mangeln«, soll nun durch verschiedene Beispiele nachvollziehbar, greifbar gemacht werden. Lassen Sie uns ansehen, wie wir mit »Essen« und »satt sein« umgehen. Stellen wir uns dabei zuerst einmal die Frage, wie es eigentlich kommt, dass wir in einem der reichsten und sichersten Länder dieser Welt bei Umfragen, in denen es um Glück und Zufriedenheit geht, mittlerweile auf Platz 15 rangieren, während andere Länder, in denen es den Menschen wesentlich schlechter geht, viel besser abschneiden?

Scheinbar hat die Tatsache, dass wir satt sind, nichts damit zu tun, dass wir glücklich sind. Vielleicht ist sogar das Gegenteil richtig: Je satter wir sind, desto unzufriedener werden wir – vielleicht sind wir übersättigt ... und haben zu viel:

- Fernsehprogramme,
- Werbeangebote,
- Freizeitangebote,
- neue CDs,
- Videos und Filme,
- Computerspiele,
- Markenklamotten,
- Supermärkte,
- Fastfoodketten,

...

Und haben zu wenig:

- Zeit – z.B. zum Erzählen,
- Lust, selbst etwas auf die Beine zu stellen,
- Mut, etwas zu verpassen,
- Kraft, den Fernseher auszuschalten,
- Geduld, mit den Kindern zu spielen,
- Ruhe, ein Instrument zu lernen,
- Energie, auf andere zuzugehen,

...

Wenn meine Kinder ein schönes, überraschendes Geschenk bekommen, dann freuen sie sich unbändig, beschnuppern und betasten es und packen es genüsslich aus. Anschließend widmen sie sich ausgiebig dem Geschenkten. Bekommen sie jedoch mehrere Geschenke (zum Beispiel an Weihnachten oder zum Geburtstag) auf einmal, wächst mit jedem weiteren Geschenk die Unzufriedenheit. Sie nehmen sich nämlich gar keine Zeit mehr, das einzelne Geschenk zu würdigen. Haben Sie das auch schon mal erlebt?

Füreinander …

»Er weidet mich auf einer grünen Au.« Ich gehe gerne Essen, am liebsten mit ein paar Freunden in ein gutes Lokal. Und wenn ich dann ein Lokal auswählen soll, bin ich von der Vielzahl an internationalen Küchen, wie wir sie in Deutschland haben, begeistert: Wenn ich will, kann ich allein in der kleinen Stadt, in der ich lebe, griechisch, italienisch, serbisch, chinesisch oder deutsch Essen gehen – das gefällt mir – da fühle ich mich fast schon wie das Schaf auf seiner endlos grünen Weide.

Aber es macht auch Spaß, selbst zu kochen, Nachbarn einzuladen und gemeinsam einen schönen Abend zu verbringen. Vielleicht haben Sie ja Lust, es auszuprobieren. Gestalten Sie doch mal für Ihre Freunde ein schönes Essen mit Vorspeise, Hauptgang und Nachtisch. Zeigen Sie ihnen, wie wichtig Ihre Freunde für Sie sind, indem Sie sie einmal richtig verwöhnen. Das muss gar nicht viel Geld kosten. Schon für 10 Euro können Sie ein tolles Mahl für vier Personen zaubern. Nehmen Sie zur Vorspeise Caprese, das sind Tomaten mit Mozzarella, als Hauptgang Nudeln mit Soße und zum Nachtisch Eis.

Erfrischung gefällig?

An heißen Sommertagen zieht es die meisten ins Schwimmbad oder an einen Badesee. Wenn die Hitze so richtig »steht«, die Klamotten an einem kleben und man eigentlich auf nichts so richtig Lust hat – dann einzutauchen in das kühle Nass und einfach ein paar Runden zu schwimmen – das ist herrlich und himmlisch erfrischend. Auch bei den Getränken ist ein gutes, kühles Mineralwasser kaum zu toppen, wenn Sie wirklich Durst haben. Ahhh! Das tut gut – Sie erinnern sich? Und wenn man dann beides kombiniert, fühlt man sich so richtig von innen und von außen erneuert und erfrischt.

»Er führt mich zum frischen Wasser«, so geht unser Text weiter.

Wussten Sie, dass die Oberfläche unseres Planeten zu 70 Prozent aus Wasser besteht? Wussten Sie, dass unser Körper zu 98 Prozent aus Wasser besteht? Und wussten Sie, dass die Versorgung der Weltbevölkerung mit Wasser in Zukunft eine der größten Herausforderungen an die Menschheit sein wird? Frisches Wasser bedeutet Leben und *kein* frisches Wasser bedeutet Krankheit, Sterben, Wüste. In manchen Ländern der sogenannten Dritten Welt gibt es zwar Wasser, aber es ist so sehr verschmutzt, dass es die Menschen krank macht.

»Frisches Wasser« ist also Luxus. Das, was ich für selbstverständlich halte, nämlich, dass ich morgens aufstehe, mich dusche, mir die Zähne putze und die Klospülung betätige – jeweils mit frischem Trinkwasser –, bedeutet für andere Länder einen kaum vorstellbaren Überfluss.

Es geht uns besser, als wir denken – schauen Sie sich doch einmal um ... Lassen Sie uns noch ein anderes Beispiel aus unserem »Wellnesspsalm« betrachten: Morgens einmal so richtig lange ausschlafen – ohne schlechtes Gewissen, ein tolles, spannendes Buch in einem Rutsch durchlesen, eine schwierige Aufgabe glänzend lösen und sie dann anderen präsentieren, mit Freunden einen interessanten und entspannten Urlaub verbringen, bei schönem Wetter und einem lauen Lüftchen einfach im Schatten auf dem Balkon sitzen und Zeit haben, sich nach einem heftigen Streit wieder versöhnen, einen guten Witz hören, bei dem es mich schüttelt vor Lachen – das sind alles Momente, die mir guttun, die »meine Seele und mein Herz streicheln«. Sicher sieht Ihre Liste ein wenig anders aus, aber Sie kennen diese Momente, die Ihnen guttun, in denen Sie sich wohlfühlen. Genau solch einen Moment, solch ein Gefühl meint der Psalm 23:

»Er erquickt meine Seele.«

»Erquickt« ist ein merkwürdiges Wort, es klingt altmodisch und trotzdem wirkt es auf uns frisch, »erquickend« eben. Schmökert man ein bisschen in verschiedenen Büchern über Wörter und ihre Bedeutung, so stößt man auf drei unterschiedliche Bedeutungen, die »erquicken« haben kann:

- Ich »erhole« mich, kann abhängen, verschnaufen, im Bett liegen bleiben und ausspannen.
- Ich »freue« mich, habe Spaß an etwas, fühle mich behaglich, amüsiere mich, ich »weide« mich an etwas.

- Ich »stärke« mich, ich werde ermuntert, ermutigt, jemand stärkt mir den Rücken (»Gutes und Barmherzigkeit werden mir folgen ...), ich werde erfrischt und belebt.

Erholung, Freude und Kraft: Das alles braucht unsere Seele und wenn wir uns nicht darum kümmern, dann verkümmert unser Herz. Dann werden wir selbst ausgepowert, traurig und kraftlos.

Der Psalm 23 behauptet, es hat etwas mit Gott zu tun, wenn ich mich erhole oder wenn ich mich freue oder wenn ich mich stärke. Ich erlebe ein bisschen von dem, was Gott mir schenken möchte.

Ein göttliches Gefühl,
endlich mal wieder auszuschlafen,
abzuhängen,
einfach mal in den Tag hineinzuschlendern,
die Beine in einen kühlen See zu tauchen
und die Seele baumeln zu lassen.

Ein göttliches Gefühl,
wenn es mich schüttelt vor Lachen,
von oben bis unten,
mir Tränen der Freude
in die Augen schießen,
wenn Spaß und Humor mich beleben
von Kopf über Fuß, bis in die Spitzen.

Ein göttliches Gefühl,
wenn mir der Wind den Rücken deckt,
mich stärkt

und ich kraftvoll, ermutigt, ermuntert,
ausgeruht, heiter und mit vollem Segel
den vielen Böen gegensteuern kann.

Ein göttliches Gefühl –
er erquickt
meine Seele.

Und noch ein Gedanke, wie uns der Psalm 23 als Wohlfühlimpuls begegnen kann:

»Wohnst du noch oder lebst du schon?« Diese Frage stellt uns eine nordische Möbelhauskette auf bunten und frechen Plakaten. Sie wirbt damit, dass jeder Mensch einen »Lieblingsplatz« haben sollte. Da ist was dran. Haben Sie schon einmal einen Hund beobachtet, wenn er sich abends »zu Bett« begibt? Dann dreht und wendet, schnüffelt und gräbt er so lange, bis er die richtige Position gefunden hat. »Wie man sich bettet, so liegt man«, sagt ein altes Sprichwort und auch da ist etwas dran.

Einer meiner Lieblingsplätze liegt auf einer Anhöhe im Odenwald. Man braucht von unserem Haus aus etwa eine dreiviertel Stunde zu Fuß, um dort hinzugelangen. Auf diesem Platz steht eine Bank. Da setze ich mich ab und zu hin und überschaue das Tal, in dem wir leben. Ich kann dann durchatmen und die Dinge, die mich im Moment umtreiben, bedenken.

Als Kinder hatten wir ein geheimes Versteck, das außer uns niemand kannte. Dorthin habe ich mich zurückgezogen, wenn ich alleine sein wollte – das war damals mein Lieblingsplatz. Später, als ich dann ein eigenes Zimmer hatte, war das natürlich mein Lieblingsplatz – das war mein Reich, das konnte ich gestalten, wie ich wollte, und auch ein Schild, »Bitte nicht stören!«, hatte ich draußen angebracht – herrlich!

Haben Sie auch einen Ort, an dem Sie sich so richtig wohlfühlen, an dem Sie ganz für sich sein können und den Sie so gestalten können, wie Sie wollen?

»... und ich werde bleiben im Hause des Herrn, immerdar«, endet der Psalm 23. Da hat jemand seinen Platz gefunden. Er sagt: Bei diesem Gott, bei

diesem guten Hirten fühle ich mich so geborgen, sicher und gestützt, dass ich immer bei ihm bleiben möchte. Solch ein Freund, solch ein guter Geist tut mir unendlich gut und nicht nur das – als der Schöpfer des Kosmos wird er mich auch über den Tod hinaus begleiten – immerdar, ewig!

Damit bekommt mein Leben eine unendliche Dimension, die mich herauslöst aus dem Druck, unter dem wir alle permanent stehen.

Wir haben:

- Zeitdruck,
- Karrieredruck,
- Beziehungsdruck,
- Erlebnisdruck,
- finanziellen Druck,
- Notendruck,
- Erziehungsdruck,
- wir stehen ständig unter Druck!

Immerdar bedeutet:

- viel Zeit,
- Freiraum, mich zu entfalten,
- Fehler sind erlaubt und nötig,
- ich verpasse nichts,
- mir wird nichts mangeln,
- Gutes und Barmherzigkeit werden mir folgen,
- auch Eltern sind nur Menschen,
- auch Kinder sind nur Menschen,
- ganz anders könnten wir leben!

Zum Psalm 23 gibt es einen Bildband für Jugendliche: *Du bist bei mir* (siehe Literatur S. 188)

»Ich bin der gute Hirte« – Meditation

Der Herr ist mein Hirte,
jemand sorgt sich um mich,
ich bin nicht allein.
Da steht jemand hinter mir und will,
dass ich in Frieden lebe.
Er passt auf mich auf,
nicht wie ein Polizist,
nicht wie ein Sittenwächter,
sondern wie ein Freund
behält er mich im Blick
und ich denke:

mir wird nichts mangeln,
mir wird nichts fehlen –
kann das stimmen?
Irgendetwas fehlt mir doch immer.
Nie bin ich wirklich zufrieden.
Und doch will ich darauf vertrauen,
dass mir eigentlich nichts fehlt,
dass ich nur die Augen öffnen muss
und sehen kann:
Alles, wonach ich mich sehne,
umgibt mich
und ich habe sehr viel Raum.

Er weidet mich auf einer grünen Au.
Frisches, grünes Gras.
Für ein Schaf heißt das:
Genüsslich essen und satt werden.
Ich bin kein Schaf,
aber die grüne Weide mag ich auch
und das Gefühl, satt und zufrieden zu sein.
Für mich heißt das: Ich werde umsorgt
an Leib, Seele und Geist.
Mein Hunger wird gestillt, und mein Durst?

Er führt mich zum frischen Wasser,
wie das sprudelt und glitzert,
wie das schmeckt: Frisches, klares Wasser
bricht als Quelle aus dem Felsen hervor.
Wasser heißt Leben.
Die Erde erblüht und auch ich blühe auf
und ich fühle:

Er erquickt meine Seele.

»Ich bin der gute Hirte« – biblischer Impuls

Jesus sagt »Ich bin der gute Hirte« und er knüpft damit an einen der bekanntesten Texte des Alten Testaments an, den Psalm 23: »Der Herr ist mein Hirte.« Und mitten in diesem Psalm heißt es:

> *»Und ob ich schon wanderte im*
> *finsteren Tal, fürchte ich kein Unglück,*
> *denn du bist bei mir ...«*

Da stolpern wir im finstern Tal und wursteln uns so durch die Probleme hindurch, als ob wir alles alleine machen müssten, als wären wir mutterseelenallein auf dieser Welt.

Hin und wieder hören wir vielleicht einen Text wie diesen Psalm, »Der Herr ist mein Hirte ...«, aber wir winken dann doch wieder ab: »Schön wäre es ja, sich solch einem Hirten anvertrauen zu können, aber das ist doch frommes Wunschdenken.«

Andere glauben tatsächlich, dass es diesen guten Hirten gibt, und sie erzählen auch davon: »Gott, der Schöpfer hält wie ein Hirte über seine Schafe auch über dich seine Hand.« Doch dann leben und arbeiten sie trotzdem so, als wäre da niemand, als müssten sie alles alleine gestalten.

Es ist faszinierend zu sehen und zu hören, welche Entwicklung der Beter des Psalms 23 durchmacht. Zunächst beschreibt er Gott als einen guten Hirten, mit schönen kraftvollen und liebevollen Bildern, aber er bleibt in der dritten Person. Er beschreibt Gott zwar liebevoll, aber immer noch distanziert, beobachtend.

Mitten im Psalm, als es zur Krise kommt, ins finstere Tal geht, ändert sich der Ton und aus einem Beschreibenden wird ein Betender: »Und ob ich schon wanderte im finstern Tal, fürchte ich kein Unglück, denn *du* bist bei mir, *dein* Stecken und Stab halten mich ...« Auf einmal, mitten im Schlamassel, wendet sich der Autor des Psalms direkt an Gott: »*Du* bist bei mir!« Er entdeckt in Gott ein Gegenüber, das tatsächlich da ist und mitten in der Krise dableibt, hilft und weiterführt.

Durch die Krise, durch die Erfahrung: »Gott ist mir nah, auch mitten im finsteren Tale«, ändert sich das Gottesbild des Betenden. Das Bild vom Hirten und der Herde wird abgelöst durch ein machtvolles Gegenüber, durch einen Freund, einen Propheten, der die Macht hat, mich zu einer begnadeten und herausragenden Persönlichkeit, zu einem Königskind zu machen, indem er mich salbt und beschenkt.

»Und ob ich schon wanderte im
finsteren Tal, fürchte ich kein Unglück,
denn du bist bei mir ...«

Ich stelle mir vor, ich wäre dieser Mensch, der sich da im finsteren Tal verirrt hat, und tatsächlich habe ich schon häufig Situationen erlebt, die mit diesem Bild vom finsteren Tal vergleichbar sind. Krankheiten, der Tod eines vertrauten Menschen, eine Ehekrise oder -scheidung – es gibt so viele Situationen, die uns auf einmal mitten hineinführen – mitten in dieses finstere Tal.

Ich bin also dieser Mensch, der völlig wirr umherirrt, nur noch von Grau zu Grau stolpert und sich nicht mehr auskennt. Und mitten in diesem Chaos, mitten in meiner Ausweglosigkeit kommt mir auf einmal der »gute Hirte« vor Augen.

Vielleicht erinnere ich mich plötzlich an den Psalm 23, wie ihn die Mutter mit mir vor dem Schlafengehen gebetet hat, und ich beginne mich an dieses gute alte Bild zu erinnern, ein Bild meiner Kindheit: der liebe Gott, der gute Hirte. Wie schön wäre es, denke ich, wenn dieser gute Hirte tatsächlich da wäre und mir hier in meiner Krise – in meinem persönlichen und ganz realen finsteren Tal zur Seite stehen würde. Wie schön wäre es nun, wieder mit der Mutter zum lieben Gott zu beten und darauf zu vertrauen, dass alles wieder gut wird.

Ein wenig wehmütig erinnere ich mich so an die Zeit, als ich noch ganz einfach an den guten Hirten glauben konnte. Doch die Bilder meiner Kindheit sind längst zerbrochen. So wie ich irgendwann dahinterkam, dass es keinen Osterhasen gibt und dass der Nikolaus alle Jahre wieder Onkel Herbert in roter Kapuze mit rauschendem Wattebart war, so habe ich dann auch irgendwann aufgehört an das Christkind und jenen lieben Gott zu glauben, der auf Bildern immer als guter Opa dargestellt wurde und eine erstaunliche Ähnlichkeit mit dem Weihnachtsmann zu haben schien.

Und doch lässt mich das Bild vom guten Hirten nicht los: Ich lade Sie deshalb ein, einen Moment zu verharren und ihn zu betrachten – diesen guten Hirten.

Genau das hat auch derjenige, der diesen Psalm aufgeschrieben hat, getan: Er hat sich Gott vorgestellt – als einen guten Hirten und diesen guten Hirten mit schönen Bildern und Worten liebevoll umschrieben: »Der Herr ist mein Hirte, mir wird nichts mangeln, er weidet mich auf einer grünen Au und führt mich zum frischen Wasser. Er erquicket meine Seele und führt mich auf rechter Straße um seines Namens willen.«

Doch in dem Moment, wo es existenziell wird, wo er ins finstere Tal kommt, hört er auf, über ihn zu reden, und spricht Gott direkt an: »Du bist bei mir.« Er wagt es in diesem schönen und friedvollen Bild vom Hirten, Gott als ein reales Gegenüber zu entdecken und anzusprechen. Aus dem betrachtenden Menschen wird plötzlich mitten in der Not ein betender Mensch, der den Mut hat, Gott direkt anzusprechen.

Aus dem betrachtenden wird
ein betender Mensch.

Und dann geschieht Erstaunliches: Tief in der Krise verändert sich durch die persönliche Anrede Gottes sein Gottesbild, er verlässt das Bild von den Schafen, der Weide und dem guten Hirten und beschreibt Gott als einen mächtigen Freund und Verbündeten, der ihn salbt zum Königskind, der ihn zu einer Persönlichkeit befähigt, die selbst im Anblick der Feinde gelassen sein, ja das Gute genießen kann. Eine tolle Erfahrung!

Viele von uns glauben an Gott, wir glauben, dass es einen Gott gibt, der diese Erde geschaffen oder zumindest in Gang gebracht hat. Wir reden oder diskutieren auch gerne einmal zu vorgerückter Stunde über diesen Gott. Dabei stehen wir jedoch in der Gefahr, lediglich Betrachter zu sein, deren Gottesbild diffus bleibt und sich ab einem gewissen Punkt nicht mehr verändert. Dieses »distanzierte« Wissen um Gott hilft uns jedoch nicht, wenn wir in Not sind.

Der Psalm 23 möchte uns einladen, die Gottesbilder unserer Kindheit als eine liebevolle Hinführung zum Glauben zu begreifen. Er möchte uns einladen, mit dem Gott, der da beschrieben wird, tatsächlich zu rechnen und ihn im Gebet anzusprechen.

Gerade im finsteren Tal, gerade dann, wenn ich nicht weiterkomme, darf ich, kann ich den guten Hirten ansprechen, kann ich zurückgreifen auf die Bilder meiner Kindheit und erleben, wie sich mein Bild von Gott verändert.

Als ich ein Kind war, da redete ich wie ein Kind und glaubte wie ein Kind und war klug wie ein Kind, als ich aber ein Mann wurde, tat ich ab, was kindlich war. (1. Kor 13,11) Als Erwachsener habe ich die kindlichen Vorstellungen zurückgelassen, ist mit diesem Text aus der Bibel gemeint.

Wie erlebe ich Gott nun als erwachsener Mensch? Als Begleiter, als einen Freund, einen unbequemen Freund, der mich fordert? Sicherlich als ein Gegenüber. Jesus von Nazareth sagt: »Ich bin der gute Hirte.« Jesus, der noch viel mehr Gleichnisse und Bilder gebrauchte, um Gott zu beschreiben, und in dem sich Gott auf einzigartige Weise zu erkennen gab – eben als ein Freund, der sich nicht verabschiedete, damals, als es schwierig wurde, sondern der sich mitten hinein in die Krise, mitten ins finstere Tal begab und der sich auf seine Freundschaft festnageln ließ am Kreuz von Golgotha. Ein Freund, dessen Worte und Erzählungen mich auch heute begleiten, zum Nachdenken bringen und herausfordern.

»Ich bin der gute Hirte. Der gute Hirte lässt sein Leben für die Schafe ... Der Mietling flieht, denn er ist ein Mietling und hat keine Achtung für die Schafe. Ich bin der gute Hirte und kenne die meinen und bin bekannt den meinen.« (Johannes 10, 11-14)

Das sagt der, der sein Leben tatsächlich gelassen hat für dich und für mich. Zu mehr Wohlbefinden kann nichts führen, als das Wissen: Ich habe einen starken Freund und Begleiter im Leben und im Tod, ich bin nicht alleine. Das ist unbezahlbar, das kann ich nirgendwo kaufen oder mieten. Diesen Preis könnte man auch gar nicht bezahlen. Der Hirte entspringt der Schöpferliebe zu seinem Geschöpf: zu dir und mir. Auf diese Weise wird auch der Psalm 23 zu einem Wellnesstext, der mir wohltut – es lohnt sich, diesen Text auswendig zu lernen und ihn nie wieder zu vergessen:

Der Herr ist mein Hirte,
mir wird nichts mangeln.
Er weidet mich auf einer grünen Au
und führet mich zum frischen Wasser.
Er erquicket meine Seele.
Er führet mich auf rechter Straße
um seines Namens willen.
Und ob ich schon wanderte im finstern Tal,
fürchte ich kein Unglück;
denn du bist bei mir,
dein Stecken und Stab trösten mich.
Du bereitest vor mir einen Tisch
im Angesicht meiner Feinde.
Du salbst mein Haupt mit Öl
und schenkst mir voll ein.
Gutes und Barmherzigkeit
werden mir folgen mein Leben lang,
und ich werde bleiben
im Hause des Herrn
immerdar.

(rev. Lutherübersetzung)

»Ich bin der gute Hirte« – Geste

Ich bin der gute Hirte.

Zeigefinger und Mittelfinger nach oben strecken, dann formen zwei Fäuste den Stab.

Der gute Hirte lässt sein Leben für die Schafe.

Die Arme offen, nach unten ausgestreckt.

Ich bin der gute Hirte

Zeigefinger und Mittelfinger nach oben strecken, dann formen zwei Fäuste den Stab.

und kenne die meinen und bin bekannt den meinen.« (Johannes. 10, 11–14)

Beide Hände aufs Herz.

»Ich bin der gute Hirte« – Lied

Sei behütet

Sei behütet auf deinen Wegen,
sei behütet auch mitten in der Nacht.
Durch Sonnentage, Stürme und durch Regen
hält der Schöpfer über dir die Wacht.

Mitten in der grauen Alltagswelt,
die sang- und klanglos mich beengt,
höre ich ein Lied, das mir gefällt
und das mir Perspektiven schenkt.

Immer, wenn wir auseinandergehn,
spür ich Trauer, fühl ich mich allein,
und bis wir uns wieder einmal sehn,
solln die Worte dein Begleiter sein.

Manchmal, wenn ein Tag zu Ende geht
und die Nacht durch alle Ritzen dringt,
spüre ich den Wind, der uns umweht
und diese Zeilen mit sich bringt.

(Einige Passagen in diesem Kapitel wurden leicht überarbeitet aus dem Bildband »Du bist bei mir«, Brunnen Verlag, Gießen, übernommen.)

»Ich bin die Auferstehung und das Leben«

Als der amerikanische Komiker Woody Allan einmal gefragt wurde, ob er an die Auferstehung glaube, soll er geantwortet haben: »Nein, aber ich bin offen für Überraschungen!« Damit hat er auf humorvolle Weise den Kern dessen getroffen, was eine Auferstehung ausmacht – sie kommt in jedem Fall überraschend. Wer tot ist, ist tot und rechnet mit nichts mehr, schon gar nicht mit einer Auferstehung. Und die Trauernden, die den Toten ad acta gelegt und begraben haben, rechnen auch nicht damit, dass da jemand wiederkommt aus dem Reich der Toten.

»Wir wollen aufstehn, aufeinander zugehn, voneinander lernen, miteinander umzugehn«, heißt es in einem Song, der 2005 immer wieder in der Sarah Kuttner Show *(Viva)* von einem der Redakteure zur Gitarre gesungen wurde. Mal lief er dieses Lied singend durch eine triste Kantine, mal saß er in einem Autoscooter auf einem großen Rummelplatz und hatte immer die Überraschung mit im Gepäck, dass sich die Leute in den skurrilsten Situationen plötzlich aufgefordert sahen, aufzustehn und aufeinander zuzugehen. Auferstehung kommt immer überraschend. Wenn ein Alkoholiker plötzlich trocken wird und zum normalen Leben aufersteht, ist das eine Überraschung. Wenn eine Hausfrau und Mutter mit fünfzig aufsteht, sich wieder an ihre Träume erinnert und noch einmal studiert oder zu malen beginnt, ist das eine Überraschung.

»Ich bin die Auferstehung und das Leben« hat Jesus einmal gesagt und die, die nur mit sich selbst beschäftigt sind und nur ständig um sich selbst kreisen, als »Tote« bezeichnet. Sein Weg und sein Beispiel möchte uns Mut machen, uns nicht einfach mit dem abzufinden, was wir kennen und haben, sondern immer wieder aufzustehen und aufzubrechen zu einem neugierigen, herzlicheren und humorvolleren Leben – lassen Sie sich überraschen!

Die Tatsache, dass Sie dieses Buch in Händen halten und die Gedanken auf sich wirken lassen, entspringt Ihrem Wunsch nach Erneuerung, nach neuen Impulsen – nach Auferstehung. Gerade in unserer schnelllebigen Zeit sehnen wir uns nach Freiräumen und Auszeiten, die uns herausnehmen aus dem allgemeinen und hektischen Strudel und uns erleben lassen, dass das Leben aus mehr besteht als aus Essen, Trinken, Schlafen, Arbeiten, Sex und Kommunikation, dass es eine ewige Dimension hat, die uns im normalen Alltag mehr oder weniger verschlossen bleibt. Das Bild von der Auferstehung sagt uns: Das Leben ist voller Überraschungen, das Leben geht weiter als wir ahnen, es gibt eine Kraft, die selbst Tote zum Leben erwecken kann und die uns auch im Hier und Jetzt aus unserer Erstarrung und Lethargie aufwecken kann.

Das Bild von der Auferstehung erinnert mich immer wieder neu daran, dass ich aufwachen und die politischen Verhältnisse, in denen wir leben, wach und mit klarem Sinn wahrnehmen möchte. Ich werde daran erinnert, dass viele Menschen ihre gesamte Existenz aufs Spiel gesetzt haben und gegen die

Missstände in ihrem Land aufgestanden und auf die Straße gegangen sind. Allzu schnell lasse ich mich einlullen von der »Schaumgummi-Atmosphäre« einer Wohlstandsgesellschaft. Ich möchte mich daran erinnern und es in meinem Kopf und Herzen wachhalten, dass Lethargie, Kirchenschlaf und Feigheit die Mehrheit der Christen im Dritten Reich daran gehindert hat, sich aufzulehnen gegen das schreiende Unrecht, gegen Krieg, gegen millionenfache Judenvernichtung und die Zerstörung unserer Heimat. Wenn Mietlinge beginnen, uns den Wölfen auszuliefern, spätestens dann müssen wir aufwachen und aufstehen. »Auferstanden aus Ruinen« ist das neue Deutschland, doch das, was hier in den letzten sechzig Jahren gewachsen und entstanden ist, braucht unsere Fürsorge, unser Engagement und unsere Begleitung.

Vielleicht fragen Sie sich, liebe Leserin, lieber Leser, warum ich die gesellschaftspolitische Komponente immer mit ins Spiel bringe. Die Antwort ist im Grunde ganz einfach: Wenn die sozialen und politischen Verhältnisse grundsätzlich und dauerhaft so sind, dass es einigen wenigen gut geht und ganz viele arm und unterversorgt sind, dann kann es kein Wohlbefinden im ganzheitlichen Sinne geben, schon gar nicht im jesuanischen Sinne. Wenn die wirtschaftlichen Verhältnisse so sind, dass wir die Umwelt mehr und mehr zerstören, die Regenwälder abholzen und die Luft verpesten, dann kann es kein nachhaltiges Wohlbefinden auf dieser Erde geben. Wohlbefinden in einem ganzheitlich jesuanischen Stil verstanden, hat eben nicht nur das eigene Wohlbefinden, sondern auch das meines Nächsten im Blick – Gott will, dass allen geholfen werde. Auch dieses Missverständnis gilt es auszuräumen, auf dass ich aufwache aus meiner Ich-Bezogenheit und mich als einen Teil des Ganzen begreife.

Am Abend der Welt

Selbst in der tiefsten aller Krisen
bist du, Gott, uns Menschen nah,
selbst am Ende unserer Tage
scheint dein Licht uns hell und klar.

Selbst im Tod schenkst du uns Leben,
schenkst uns Hoffnung, sprengst die Zeit,
drum kannst du uns aufstehn helfen
aus den Krisen unserer Zeit.

»Ich bin die Auferstehung und das Leben« – mit allen Sinnen

Eine richtige Auferstehung *muss* der Überprüfung durch alle fünf Sinne standhalten, ja sie muss geradezu darüber erlebt werden, sonst taugt sie nichts, finden Sie nicht auch? »Auferstehung«: Da fällt mir zunächst einmal mein gesamter Bewegungsapparat ein, der entweder sitzt oder liegt oder sich fläzt oder eben aufsteht. Wenn man nach einer längeren Krankheit wieder aufstehen darf, dann kommt dieses Aufstehen fast einer kleinen Auferstehung nahe, denn das Aufstehen, Gehen, Sitzen und Bewegen muss neu erfahren und unter Umständen sogar wieder gelernt werden.

»Auferstehung«: Da fällt mir aber auch das allmorgendliche Aufstehen ein. Wie gestalte ich den Beginn eines neuen Tages? Freue ich mich auf den neuen Tag, springe ich neugierig und voller Vorfreude auf die Begegnungen und das, was an diesem Tag zu tun ist, aus dem Bett oder ziehe ich mir übel gelaunt die Bettdecke über den Kopf und würde mich am liebsten noch einmal umdrehen? Ich muss gestehen – ich gehöre eher zu der zweiten Sorte. Aber im Grunde genommen finde ich es schade, dass ich den neuen Tag als Morgenmuffel erlebe, denn ich denke, es ist meist nicht angemessen. Als unser Sohn Robin so etwa zwei Jahre alt war, kam er mir morgens immer freudestrahlend im Bad entgegen, so ganz nach dem Motto: »Wie schön ist es, dass wir uns schon wieder sehen, und wie schön ist es, dass wir einen ganzen Tag vor uns haben und ich bin so gespannt, was heute alles passiert.«

Der Morgen ist für mich in Sachen »Auferstehung« also eine echte Herausforderung, doch was erlebe ich dabei?

Ich höre – wir wohnen in einer sehr ruhigen Wohngegend in unmittelbarer Nähe zu den Ausläufern des Odenwaldes – an einem Sommermorgen als Erstes die Vögel und ihr Gezwitscher. Dann weiß ich, jetzt dauert es nicht mehr lange, der Wecker geht an und dann heißt es »raus aus den Federn«. Ich höre aber auch die Stille im Haus, das gleichmäßige Atmen meiner Weggefährtin, ich höre die Autos, die schon sehr früh starten, einen Zug in der Ferne und den Glockenschlag – der erwachende Tag hat viele Geräusche und als erster Sinn *aufersteht* das Hören.

Wenn dann der Wecker geht, werden alle anderen Sinne ziemlich gleichzeitig wach: Der Geschmackssinn erinnert sich noch an die letzten Genüsse des Vorabends und sehnt sich nach einer Zahnbürste, die Nase riecht den Duft eines kühlen Morgens, aber auch den Duft von schlafenden Menschen, den Duft des Menschen neben mir, den ich gut riechen kann, die Haut beginnt zu kribbeln und sehnt sich nach einer warmen oder auch erfrischenden Dusche und meine Augen gehen langsam auf, aber nur ganz langsam. Ich gehöre nämlich zu den Menschen, die meinen, die Nacht dadurch verlängern zu können, indem sie morgens mit halb geschlossenen Augen durch die Wohnung tapsen, die Kinder wecken, das Frühstück zubereiten und das alles gewissermaßen im Halbschlaf, weil sie die Augen noch nicht richtig geöffnet haben.

Die morgendliche Dusche ist für mich in diesem Zusammenhang ein wunderbar sinnliches und ganzheitliches Erlebnis und Ritual, bei der vor allem unser größtes Sinnesorgan, die Haut, wunderbar berührt, gestreichelt und umspült wird. Ich liebe den Wechsel zwischen warm und kalt, ich genieße es, wenn meine Kopfhaut durch die vielen kleinen Wasserdüsen massiert und belebt wird. Der Geschmack von Wasser auf meinen Lippen, der Duft eines guten Badeöls, die unter der Dusche geschlossenen Augen, die sich ganz auf die Haut konzentrieren, und das gleichmäßig intensive Rauschen der Dusche, das mich an einen strömenden Bach oder einen intensiven Sommerregen erinnert – ich liebe es.

Erst jedoch, wenn alle Sinne fröhlich und bereit »am Start« sind, würde ich von einem geglückten »morgendlichen Auferstehungsritual« sprechen. An freien Tagen gelingt das ganz besonders dann, wenn ich mir, nachdem unsere Kinder auf den Schulweg gebracht sind, den Luxus leiste, mich noch einmal ins Bett zu legen und mich so lange zu räkeln und zu schlafen, bis ich richtig Lust habe aufzustehen. Erst dann wird es für mich ein sehr schöner und effektiver Tag, weil ich wirklich ausgeruht und entspannt bin.

Ich möchte lernen, das Aufwachen meiner Sinne mit mehr Freude und Dankbarkeit zu erleben und zu begleiten, denn der Tag, in den hinein ich erwache, ist ja lediglich der Tag, der er nun mal ist. Es ist immer die Frage, was ich daraus mache und wie ich selbst diesen Tag angehe.

Das morgendliche Aufstehritual ist dabei nur ein sehr praktischer und offensichtlicher Aufhänger für die Gesamtwohltat, als die die Auferstehung von uns verstanden werden sollte.

»Ich bin die Auferstehung und das Leben« – im Alltag

Das Bild von der Auferstehung kommt für mich immer dann ins Spiel, wenn ich es schaffe, meinen inneren Schweinehund zu überwinden und die Tricks und Ausflüchte, die mich von dem zurückhalten, was ich »eigentlich« möchte, zu entlarven und außer Acht zu lassen. In unseren Konzerten singen und spielen meine Musiker und ich regelmäßig das Lied: »Wir wollen aufstehn, aufeinander zugehen, voneinander lernen miteinander umzugehen.« Unsere Konzert- und Gottesdienstbesucher singen dieses Lied begeistert und voller Enthusiasmus mit: »Wir wollen aufstehn ...«, aber sie tun es nicht, sie stehen nicht auf, sie bleiben in der Regel sitzen. Erst, wenn ich dann vor dem letzten Refrain innehalte und sage: »Man kann dieses Lied auch im Sitzen singen«, macht sich eine gewisse Nachdenklichkeit auf den Gesichtern breit und die Leute stehen auf. Vor einiger Zeit spielten wir in einem kleinen Ort und sangen dieses Lied. Die Leute blieben wieder sitzen, und so sagte ich mein Sprüchlein: »Man kann dieses Lied auch im Sitzen singen« auf und blickte zu meiner Überraschung in lauter nickende Gesichter. Nach dem Konzert kam eine ältere Dame auf mich zu und sagte: »Wenn wir den Refrain noch einmal gesungen hätten, dann wäre ich aufgestanden!« Und wann immer wir uns solche Dinge sagen hören, kommt ein kleines Wörtchen ins Spiel, ein »Anti-Auferstehungs-Wörtchen« und das ist das Wort »eigentlich«. Achten Sie doch einmal darauf, wie oft Sie dieses Wort verwenden. Dazu folgender Liedtext:

Eigentlich

»eigentlich« gibt es eigentlich
nicht,
weil es eigentlich gar nichts gibt,
was dem Wörtchen »eigentlich«
sinngemäß entspricht.

Eigentlich würd' ich gern malen,
sagte sie ihr Leben lang,
widerstand oft unter Qualen
ihrem künstlerischen Drang.
Immer sprach sie nur davon
»eigentlich« und dann und wann
und hat nie damit begonnen,
fing niemals zu malen an.

Eigentlich bräucht unsre Ehe
eine gute Therapie,
weil wir uns nicht mehr verstehen,
und einander entziehn.
Unser Bett ist längst verwaist,
keiner macht hier mehr den Wolf.
Unsre Liebe liegt auf Eis
und du spielst jetzt Golf.

»eigentlich« gibt es eigentlich
nicht,
weil es eigentlich gar nichts gibt,
was dem Wörtchen »eigentlich«
sinngemäß entspricht.

Eigentlich müsst ich abnehmen:
Eigentlich bin ich zu dick,
Doch bei allen Diätthemen,
schalt ich einen Gang zurück,
werde still und klink mich aus,
denn es fehlt an Disziplin.
Zu verschmähen Trank und
Schmaus,
kriege ich einfach nicht hin.

»eigentlich« ist ziemlich praktisch,
weil ja letztlich nichts geschieht.
Man erwähnt ja nur mal taktisch,
dass es da Probleme gibt.
Kann getrost dann weiterziehen,
denn man weiß ja: »eigentlich«
sollte man nun nicht mehr fliehen,
aber halt nur »eigentlich«.

»eigentlich« gibt es eigentlich
nicht,
weil es eigentlich gar nichts gibt,
was dem Wörtchen »eigentlich«
sinngemäß entspricht.

Das Wohltuende an diesem Bild der Auferstehung ist – wie bei allen *Ich bin Worten* –, dass ich nicht allein gelassen bin. Es geht nicht um blinden Aktionismus, sondern darum, dass ich Gott bitten kann, mir beizustehen und zu helfen. Der, der da sagt »Ich bin die Auferstehung«, sagt das schließlich nicht nur, sondern er ist auch auferstanden. Der Auferstandene kann und möchte uns helfen aufzustehen. Und genau an diesem Punkt kennen Sie sich selbst am besten: Wo stagniert mein Leben? Wo werde ich festgehalten von Lethargie? Wo bin ich zu faul aufzuräumen? Wo werde ich gelebt und lasse mich treiben?

In einer Ehe, die seit vielen Jahren »funktioniert«, aber auch vor sich hindümpelt, kann uns das Bild von der Auferstehung ermutigen, aufzuwachen, einander neu wahrzunehmen und uns zu befragen: »Wie möchtest du leben?« Und zu formulieren: »So möchte ich leben!« Die Ehe ist etwas Wunderschönes, ein Geschenk, auch und gerade nach 23 Jahren, aber es braucht immer wieder neu den Mut und die Kraft »aufzustehen« und »aufeinander zuzugehn«. Wenn Auferstehung in einer Ehe geschehen soll, brauche ich vor allem eines: Zeit. Ich muss mir Zeit nehmen für den anderen, Zeit zu reden, Zeit zu hören, Zeit zu lieben, freie Zeit.

Die Zeit, die ich brauche, werde ich von mir aus niemals haben – ich muss sie mir nehmen. Es gab vor einigen Jahren eine Phase in unserer Ehe, in der ich sehr unzufrieden war. Ich habe das meiner Weggefährtin auch gesagt, aber es hat sich nichts geändert. Wir begannen wie Schwesterchen und Brüderchen miteinander in einer Art kameradschaftlicher Zweckgemeinschaft zu leben und der Eros kam definitiv zu kurz. Irgendwann habe ich dann (siehe dazu »Ich bin der Weg«: Das Sechsphasenmodell der Bibel, S. 146) ein »Marketingziel« formuliert und zu ihr gesagt: »Ich möchte, dass wir am Ende des vor uns liegenden Jahres wieder ein Liebespaar sind!« Meine Frau hat sofort geantwortet: »Das ist ja schön und gut, aber ich bin kein ›Marketingziel‹«, und sie hat noch etwas anderes gesagt, sie verwendete ein Bild: »Ich glaube, unsere Liebe ist wie ein alter, schlafender Dinosaurier.« »Höchste Zeit, dieses Tier zu wecken«, dachte ich.

Zu unserem Glück war es in dieser Zeit möglich, dass wir uns für vier Monate eine Auszeit nehmen konnten, in der wir in die »bay area« nach San Francisco »ausgewandert« sind. Ich denke, diese Zeit war unser »family honeymoon«. Wir hatten als Familie endlich Zeit, zueinanderzufinden und uns zu sortieren – noch dazu in einer traumhaften Umgebung. Natürlich hätte man diese Zeit auch ganz anders nutzen können, aber wir haben uns sehr bewusst »für uns« entschieden und die Auferstehung fand statt. Gott sei Dank! Seitdem haben wir uns verschiedene »Ehe-Auferstehungs-Rituale« erhalten. Dazu gehört, dass bei unserer (sehr langfristigen) Terminplanung immer erst die privaten Termine und Wochenenden festgelegt werden, dazu gehört, dass wir einen Abend in der Woche zu zweit verbringen und Zeit haben zu reden und zu hören, wie es dem anderen geht, dazu gehört, dass wir versuchen, als Familie so viel Zeit wie möglich miteinander zu verbringen und Urlaub auch wirklich regelmäßig und intensiv zu genießen. All dies hat vorrangig mit

»Zeit« zu tun. Und um Zeit geht es bei einer richtigen Auferstehung, und zwar um den Neubeginn von Zeit: Eine neue Zeit bricht an!

Dies ist nur ein Beispiel, wie das Bild von der Auferstehung unser Leben nachhaltig verändern und elementar zu unserem Wohlbefinden beitragen kann. Neben dem Wörtchen »eigentlich« gibt es noch eine alte Begleiterin der Menschheit, die uns daran hindern möchte aufzuwachen. Sie wird im folgenden Liedtext umschrieben und erst am Ende namentlich genannt. Ein Rätsel gewissermaßen.

Sie kommt zu dir auf leisen Sohlen
und setzt sich langsam bei dir fest,
um sich von dir die Kraft zu holen,
die dich noch aufrecht gehen lässt.
Sie ist ein Meister der Verkleidung,
ja, sie hat immer für dich Zeit
und für jegliche Entscheidung
braucht's 'ne halbe Ewigkeit.

Sie lässt das Fernsehn ständig laufen
und steigt als Schüssel dir auf's Dach,
sie lässt sich wunderbar verkaufen
und hält die ganze Welt in Schach;
sie kommt mit guten Argumenten:
»Man kann doch nicht und außerdem ...«
und selbst so manchem Konsequenten
kommt sie zuweilen sehr genehm.

Ämter und Büroetagen
sind für sie ein leichtes Feld,
weil bei diesen miesen Gagen
allzu oft der Ansporn fehlt,
sich mal richtig zu bewegen
und zumindest dann und wann
etwas Tolles hinzulegen,
dass man wirklich staunen kann.

Sie ist ein Bett mit vielen Kissen
und wer sich bettet, fällt hinein.
Sie hüllt dir dein Gewissen
in Daunen und in Watte ein
und im Hintergrund surrt leise
eine Schlaftablettenmelodie
und sie schickt dich auf die Reise
in ein Träumerparadies.

Jeden Sonntag in der Kirche
zieht sie ganz gemächlich ein,
denn ein jeder in der Kirche
denkt, das müsste halt so sein.
Und so warten wir vergebens
auf ein bisschen mehr Esprit,
auf ein Zeichen echten Lebens
mitten in der Le(i)thurgie.
Und so warten wir vergebens
auf ein bisschen mehr Esprit,
auf ein Zeichen echten Lebens
mitten in der Lethargie.

Die »toten Strukturen«, in denen wir dahinleben,
sind vielfältig:

Das Bild
von der Auferstehung
möchte uns helfen
aus der dunklen Welt
in die helle Welt zu treten,
aus der Nacht in den Morgen,
aus der Krise in einen Neuanfang,
aus einer Krankheit hin zur Gesundheit,
aus dem Verletztsein hin zur Heilung,
aus der Schuld zur Vergebung,
aus dem Schweigen zur offenen
Aussprache,
aus dem Zeitdruck hin zur Entspannung,
aus allem Toten hin zum Lebendigen.

Du, Herr der Auferstehung,
hilf mir aufzustehen!

Amen.

»Ich bin die Auferstehung und das Leben« – Meditation

Ich bin die Auferstehung
und das Leben
Leben,
wirkliches Leben,
nicht im lebenslänglichen
Schatten des Todes.
Leben,
das die Kraft hat
aufzustehn – immer wieder.
Leben,
das selbst aus der tiefsten
aller Krisen, dem Tod,
aufersteht.

Wer an mich glaubt,
der wird leben.
Glaube, vertraue mir
und baue auf mich
gerade dann,
wenn du den Mut verlierst.
Dann
kann ich dir helfen.
Dann
kann ich dir Kraft geben.
Denn wer an mich glaubt,
der wird leben,
auch wenn er stirbt.

Und wer lebt
mit wachen Augen
und offenem Herzen,
und wer an mich glaubt,
weiß, dass dieses Leben
ein Geschenk ist,
der wird nimmermehr
dessen Geist und Seele
wird nie wieder
sterben,
weder den inneren Tod
der Langeweile
und der Einsamkeit
noch den kalten,
endgültigen Tod.

Er wird,
sie wird,
du wirst
immer wieder
aufstehen
und leben.

»Ich bin die Auferstehung und das Leben« – biblischer Impuls

Jesus erhält eine Nachricht von einer von ihm überaus geschätzten Familie – eine schlimme Nachricht: Lazarus, der Bruder von Maria ist schwer krank und droht zu sterben. Als Jesus diese Nachricht hört, reagiert er eigenartig. Er sagt zu den Umherstehenden: »Diese Krankheit führt nicht zum Tod, sondern zur Verherrlichung Gottes« und weiter heißt es »... Jesus hatte Martha und ihre Schwester und Lazarus lieb, als er nun hörte, dass er krank war ...«, Wie müsste der Satz Ihrer Meinung nach jetzt weitergehen? ... begab er sich auf dem schnellsten Weg dorthin. Das wäre doch die menschlich normalste Reaktion gewesen, aber unsere Erzählung geht anders weiter: »... als er nun hörte, dass er krank war, blieb er noch zwei Tage an dem Ort, an dem er war.«

Erst nach zwei langen Tagen, und zwei Tage sind eine sehr lange Zeit, zumal, wenn ein Mensch im Sterben liegt, erst nach zwei endlos langen Tagen macht sich Jesus auf und sagt zu seinen Jüngern: »Lasst uns wieder nach Judäa ziehen!« Die Jünger haben jedoch überhaupt keine Lust dazu: »Vor Kurzem erst wollten sie dich doch dort steinigen und du willst da wieder hin?« Sie hatten schon gehofft, dass Jesus das nicht vergessen hatte und deshalb so zögerlich war, selbst einem dringenden Hilferuf aus dem engsten Freundeskreis Folge zu leisten.

»Lazarus, unser Freund, schläft und ich gehe hin und will ihn aufwecken.« Daraufhin antworten die Jünger ungefähr so: Ja, ja, schlafen ist gut, da geht es ihm ja bald besser. Jesus hatte aber mit dem Schlaf den Tod gemeint und sie dachten, er rede von einem Wellness- oder einem Gesundheitsschlaf. Um das Missverständnis aufzuklären, sagt es Jesus frei heraus: »Lazarus ist gestorben – er ist tot und ich bin froh um euretwillen, dass ich nicht da gewesen bin, denn das, was ihr jetzt erleben werdet, wird euren Glauben stärken. Das werdet ihr niemals vergessen, das wird sich ein für alle Mal in euren Herzen und Köpfen verankern. Lasst uns zu ihm hingehen.«

Und Thomas antwortet Jesus in Erinnerung an die Steinigung: »Ja, lasst uns mitziehen, dass wir mit ihm sterben.« Ein klassisches Missverständnis. Man hat den Eindruck, die Jünger haben überhaupt nicht zugehört – auf jeden Fall haben sie kein Wort verstanden von dem, was Jesus sagte. Wie sollten sie auch – wie sollten sie auch damit rechnen, dass Jesus in wenigen Stunden einen Toten ins Leben rufen würde.

Und als Jesus endlich in Bethanien ankam, da lag Lazarus schon vier Tage im Grab und die Trauergemeinde hatte sich um Martha und Maria versammelt.

Als sie hörten, dass Jesus da war, hat sich Martha aufgerappelt, die starke, geordnete Martha, und ging Jesus entgegen und schleudert ihm ihre ganze Wut und Enttäuschung entgegen: »Herr, wärst du da gewesen, mein Bruder wäre nicht gestorben! Aber auch jetzt weiß ich, dass dir Gott das, um was du ihn bittest, auch gibt.« Die starke, unbeirrbare Martha weiß, selbst in ihrer Wut auf Jesus, selbst in ihrer tiefen Traurigkeit und Ratlosigkeit, dass Jesus Unmögliches möglich machen kann, und daran klammert sie sich – an einen Trost, an irgendeinen Trost.

Und Jesus sagt zu ihr: »Dein Bruder wird auferstehen«, und Martha antwortet gerade so als hätte Jesus ein Glaubensbekenntnis abgerufen: »Ja, ja ich weiß schon, dass er irgendwann am Jüngsten Tag wieder auferstehen wird.«

Die Dialoge dieser biblischen Erzählung sind von permanentem Missverständnis gekennzeichnet. Die Menschen um Jesus herum verstehen ihn einfach nicht, verstehen nicht, was er sagt, weil sie es sich nicht vorstellen können, dass er das, was er da sagt, tatsächlich ernst meint, und so sagt er schließlich: *»Ich bin die Auferstehung und das Leben. Wer an mich glaubt, der wird leben, ob er gleich stürbe, und wer da lebt und glaubt an mich, wird nimmermehr sterben.« (Johannes 11,25)* »Glaubst du das?«, fragt er Martha. »Glaubst du das?« Und Martha kratzt all ihren Glauben zusammen und hält ihn fast hilflos Jesus hin: »Herr, ja ich glaube, dass du der Christus bist, der Sohn Gottes, der in die Welt gekommen ist.« Sie formuliert alles, was sie an Glauben aufbringen und formulieren kann – »Mehr kann ich nicht glauben.«

Und Maria? Sie war im Kreis der Trauernden geblieben, enttäuscht und tief getroffen von der zögerlichen Reaktion Jesu. Sie hatte den Eindruck, dass

Jesus jetzt, wo es darauf angekommen wäre, sich nicht für sie interessiert, er lässt sie im Stich.

Doch nun kam Martha zu ihr und sagte: *»Maria, Jesus ist da und fragt nach dir!«* Damit hatte sie nicht mehr gerechnet – sie hatte gar nicht mehr mit diesem Jesus gerechnet – doch nun stand sie schnell auf und ging zu ihm und als sie zu ihm kam und ihn sah, warf sie sich auf den Boden und weinte: *»Herr, wärest du hier gewesen, mein Bruder wäre nicht gestorben.«*

Warum geschieht so viel Leid, warum lässt Gott das zu? Warum bleibt er in der Ferne, dann, wenn wir ihn so nötig gebraucht hätten? Warum? Warum? Warum? Keine andere Frage in Bezug auf Gott treibt uns so um wie diese »Warum-Frage«. Warum muss ein geliebter Mensch an Krebs jämmerlich sterben? Warum muss der 19-Jährige mit dem Auto tödlich verunglücken? Warum habe ich meinen Arbeitsplatz verloren? Warum? Jesus, warum warst du nicht da, als wir dich so dringend gebraucht haben.

Eine traurige, trostlose Situation und nicht nur Maria weint, auch alle Umherstehenden weinen, lassen ihren Tränen freien Lauf – die Trauer hat sie ergriffen und sie geben ihr Raum. Das alles lässt Jesus nicht unberührt und auch ihn erfasst diese Welle der Trauer.

Er versucht das Geschehen halbwegs zu ordnen, dem Ganzen halbwegs eine Perspektive zu geben, deswegen fragt er: »Wo habt ihr ihn hingelegt?«, und sie antworteten ihm: »Herr, komm und sieh es!«

Doch dann kann sich Jesus nicht mehr halten und wir lesen den kürzesten Satz im Neuen Testament: *»Und Jesus weinte.«* Mitten in meiner Trauer, mitten in meiner Ratlosigkeit ist Jesus da und weint, weint bitterlich, weil ihn meine Situation, weil ihn meine Trauer und Ratlosigkeit nicht unberührt lässt. Gott ist eben nicht ein ferner, abwesender Gott, sondern kommt uns ganz nah, geht mit uns hinein in unsere Wut und unsere Trauer.

Und wieder verstehen die Umherstehenden nicht, was eigentlich passiert, und so kommentieren sie den weinenden Jesus mit dem Satz: *»Schaut, wie lieb er ihn hatte.«* Natürlich hatte Jesus Lazarus lieb, aber geweint hat er nicht aus Sentimentalität, sondern weil ihn das ganze Leid und die Trauer nicht kalt gelassen hat, weil er sich hat mit hineinnehmen lassen in die ganze Trostlosigkeit dieser Situation.

Für mich ist es eine Hilfe zu sehen, dass selbst seine engsten Freunde, die ihn gut kannten, Jesus andauernd missverstehen. Ich verstehe nämlich Gottes Wege oft auch nicht, ich kapiere manchmal einfach überhaupt nicht, warum etwas ganz anders läuft, als ich mir das gedacht oder ausgemalt habe. Eines weiß ich jedoch sicher: Es lässt Gott nicht kalt, wie es mir geht, er lässt sich berühren und erfassen von meiner Trauer und meinen Tränen – er weint mit mir – er weint aus der Ohnmacht der Liebe heraus, die eben nicht diese Welt in ein enges Korsett von vorbestimmten Abläufen steckt, sondern ihr den freien Lauf lässt und dem Menschen den freien Willen, zwischen Gut und Böse zu unterscheiden – *aber er ist da auch mitten in meiner Traurigkeit!*

Die Leute hatten vor das Grab, in dem Lazarus lag, einen Stein gewälzt. Jesus deutet nun auf den Stein und sagt: *»Schafft diesen Stein weg!«* Und Martha, die Pragmatische, ist sofort zur Stelle und meint: *»Äh, Jesus, entschuldige, das ist, glaube ich, keine gute Idee. Ich meine, der Junge liegt da schon vier Tage drin, er stinkt schon. Die Verwesung hat doch längst eingesetzt!«* So die logische, pragmatische Martha.

Wäre ich Jesus gewesen, ich hätte das Ganze sowieso viel stärker inszeniert. Ähnlich wie in einem Film von Steven Spielberg hätte ich mit dramatischer Geste, quasi ferngesteuert, mit unsichtbarer Hand, den Stein beiseitegeschoben. Ich meine, wenn ich kurz davor stehe, einen Toten zurück ins Leben zu rufen, ist doch so ein Stein eine Kleinigkeit.

Bist du bereit, den Stein wegzuheben?

Doch Jesus sagt: »Hebt den Stein weg!« Da gibt es etwas, was du selbst tun kannst und musst, bevor etwas Neues geschieht. Die Kraft der Auferstehung wirst du nur dann erfahren, wenn du bereit bist, den Stein oder die Steine, die auf deinem Herzen liegen, wegzuheben!

Viele von uns wünschen sich, Gott stärker zu erleben, Gott neu zu erfahren, Jesus besser nachzufolgen, im Glauben zu wachsen. Aber wir sind nicht bereit, den Stein, der vor uns liegt, wegzuräumen. Wir sind nicht bereit, das, was getan werden muss, zu tun. Und wir sind (wie Martha) sehr findig, wenn es um Argumente und um Ausreden geht, warum wir nicht selbst aktiv werden. Weil wir nicht bereit sind, das, was wir selber tun können, zu tun, und deshalb bewegt sich auch nichts mehr.

Dieser Stein sieht bei jedem von uns anders aus – er hat aber mit Schuld zu tun, er hat mit unserem Stolz zu tun und er hat damit zu tun, dass wir nicht bereit sind, vor uns selbst und vor Gott reinen Tisch zu machen. Reinen Tisch machen, das kann im Gespräch mit einem anderen Menschen, dem ich vertraue, geschehen, indem ich alles, was mir »auf der Seele« liegt, einmal ausspreche und vor Gott bringe mit meiner ganzen Trauer und Ratlosigkeit. Ich weiß, das ist schwer – schwer wiegt die Wut, die ich seit Jahren auf einen anderen Menschen hege, schwer wiegt mein Schuldgefühl, weil ich mich falsch verhalten habe, schwer wiegt die Lüge, die ich im Alltag mit mir herumtrage – mindestens so schwer wie der Stein, der da vor diesem Grab lag. Aber nur, wenn wir bereit sind, den Stein wegzuheben, kann das Wunder der Auferstehung, das Wunder der Vergebung in uns geschehen. Und nur dann werden wir erfahren, wie viel Wellness für Seele und Leib der christliche Glaube für uns bereithält:

»Ich bin die Auferstehung und das Leben. Wer an mich glaubt, der wird leben, ob er gleich stürbe, und wer da lebt und glaubt an mich, wird nimmermehr sterben.« (Johannes 11, 25)

Denn erst als der Stein weggerollt war, konnte Jesus mit lauter Stimme rufen: *»Lazarus, komm heraus«* – und die Leiche kam aus dem Keller, noch mit den Leichentüchern und -binden im Schlepptau.

Es ist ein langer, weiter und mühsamer Weg voller Missverständnisse, voller Wut, Ratlosigkeit und Trauer, bis wir bereit sind, den Stein wegzurollen und selbst unsere Leichen aus dem Keller in die Freiheit und ins Leben zu entlassen.

»Ich bin die Auferstehung und das Leben« – Geste

Ich bin – die Auferstehung und das Leben.

Zeige- und Mittelfinger nach oben strecken, dann vornüberbeugen (leicht in die Knie gehen), langsam aufrichten und die Hände in die offene Gebetshaltung bringen.

Wer an mich glaubt, der wird leben, ob er gleich stürbe,

Handflächen (Gebetsgebärde) aufeinanderlegen.

und wer da lebt und glaubt an mich, wird nimmermehr sterben.«

(Johannes 11, 25)

Offene Gebetshaltung einnehmen und dann die Hände über Kreuz auf die Schultern legen.

»Ich bin die Auferstehung und das Leben« – Lied

Aufeinander zugehn

Wir wollen aufstehn, aufeinander zugehn,
voneinander lernen, miteinander umzugehn,
aufstehn, aufeinander zugehn und uns nicht entfernen,
wenn wir etwas nicht verstehn.

Viel zu lange rumgelegen, viel zu viel schon lamentiert.
Es wird Zeit, sich zu bewegen. Höchste Zeit,
dass was passiert.

Jeder hat was einzubringen: diese Vielfalt wunderbar.
Neue Lieder wolln wir singen – neue Texte:
laut und klar!

Diese Welt ist uns gegeben. Wir sind alle Gäste hier.
Wenn wir nicht zusammenleben, kann die Menschheit
nur verliern.

Dass aus Fremden Nachbarn werden,
das geschieht nicht von allein.
Dass aus Nachbarn Freunde werden,
dafür setzen wir uns ein.

»Ich bin der Weg, die Wahrheit und das Leben«

»Dieser Weg wird kein leichter sein, dieser Weg wird steinig und schwer ...« Wochen- ja monatelang lief dieser Song von Xavier Naidoo im Radio und das auch noch parallel zur Fußball WM 2006. Der Weg als Herausforderung und Aufgabe zugleich, das konnte man an Jürgen Klinsmann und seiner Truppe wunderbar studieren. Über zwei Jahre hat dieser Bundestrainer versucht, eine Fußballmannschaft »neuen Typs« zu kreieren, und dabei jede Menge Kritik einstecken müssen. Doch er und seine Berater hatten ein Konzept und ein klares Ziel: »Wir wollen 2006 Weltmeister werden!« Der Erfolg, auch wenn es letztendlich nur für einen beachtlichen dritten Platz gereicht hat, gab ihm recht und verwies alle Kritiker von einst in die Schranken. Sie waren längst umgeschwenkt und nun voll des Lobes für den, dem sie noch Monate zuvor Inkompetenz und Konzeptlosigkeit vorgeworfen hatten. Der wohl heftigste Rückschlag auf diesem Weg war das 4:1 gegen Italien wenige Wochen vor der WM. Nur sehr wenige haben damals unserer Nationalmannschaft irgendetwas zugetraut – und auch ich dachte: Spätestens im Achtelfinale fliegen sie raus. Wir alle haben uns schwer getäuscht. Durch das neue Konzept unserer deutschen Nationalmannschaft wurde die WM in Deutschland zu einem unglaublichen Happening, bei dem wir Deutschen auch unsere Fahne wieder entdeckt haben. Dass Jürgen Klinsmann dann nicht mehr weitermachen wollte, hat mich persönlich überhaupt nicht überrascht. Das Ziel war erreicht, die Kritiker von einst verstummt (aber immer noch da), das war der denkbar beste Moment sich zurückzuziehen.

Wohl dem, der in solch einer Situation etwas hat, was ihm so wertvoll ist, dass er oder sie sagt, dem will ich mich nun widmen und das ist nun das Allerwichtigste. Bei Jürgen Klinsmann war das sein Privatleben, seine Familie – eine echte Wellness-Entscheidung. Hier hat ein überaus gefragter und von allen Seiten bedrängter Mensch auf geradezu vorbildliche Weise eine unbequeme Entscheidung getroffen, die aber die Grundlage für sein weiteres Wohlbefinden bildet. Viele von uns halten sich für unentbehrlich – das ist ungesund. Es muss möglich sein, dass wir uns auch einmal zurückziehen, dass wir krank werden, dass wir etwas entdecken, was uns wichtiger ist als Karriere und Arbeit. Der bayrische Komiker Karl Valentin hat einmal gesagt: »Gar nicht krank ist auch nicht gesund!«

Das Bild vom Weg möchte uns einladen, einmal Pause zu machen und zu schauen: Wo stehe ich eigentlich? Und dann: Was liegt hinter mir? Und dann: Was liegt vor mir? Worauf freue ich mich? Wovor habe ich Angst? Wie bin ich gerüstet für das, was vor mir liegt?

Das Bild vom Weg führt uns zu all diesen Fragen und ist vielsagend. Nicht umsonst gibt es viele Redensarten, die uns vom Weg erzählen: »Der Weg zur Hölle ist mit guten Vorsätzen gepflastert«, das will sagen: Nimm den Mund lieber nicht so voll oder rede erst von dem, was du dir vorgenommen hast, wenn du auch tatsächlich begonnen hast, es umzusetzen. Alle Jahre wieder nehmen wir uns etwas vor, was wir dann doch nicht einhalten: »In diesem Jahr will ich mir mehr Zeit für die Familie nehmen!« Oder: »In diesem Jahr will ich mehr Sport machen, ich werde zweimal pro Woche Sport treiben!«, um dann am Ende des Jahres zu erkennen, wie wenig davon übrig geblieben ist. Natürlich hat dieses Sprichwort mit einer prinzipiell problematischen Lebensführung zu tun, mit Menschen, die »vom rechten Weg abgekommen sind«! Sie können ihre guten Vorsätzen niemals einhalten, weil sie ihr Problem nicht grundsätzlich angehen, und sich auf diese Weise nur noch weiter »reinreiten«. Ein Alkoholiker braucht beispielsweise eine Therapie und keine guten Vorsätze. Noch wenige Stunden zuvor hat er vielleicht gehört: »Du bist auf dem besten Wege, dich zu Tode zu saufen!«, und geht – abhängig vom Alkohol – dann wieder den Weg des geringsten Widerstandes und betrinkt sich.

Wenn wir sagen »Alle Wege führen nach Rom«, dann meinen wir damit, dass es viele Möglichkeiten gibt, ein Ziel zu erreichen. Will jemand zum Beispiel Schauspieler oder Schauspielerin werden, so kann er oder sie sich entweder auf einer staatlichen Schauspielschule bewerben oder privat Unterricht nehmen oder eine Privatschule besuchen oder einfach loslegen und autodidaktisch die eigene Karriere in Schwung bringen. Manchem »stehen alle Wege offen« und irgendwann »gehen wir den Weg alles Irdischen«, werden älter und sterben am Ende.

In praktisch allen Märchen spielt der Weg eine zentrale Rolle. Der Klassiker »Hänsel und Gretel« handelt davon, dass die Kinder ihren Weg nach Hause nicht mehr finden dürfen, dass sie sich verirren und so in die Hände der bösen Hexe fallen. Im Grunde geht es in diesem Märchen permanent um den Weg: Hänsel markiert den Weg mit Steinen und Brotkrumen, um sie dann als Orientierung für den Nach-Hause-Weg zu haben. Es ist der Weg, den die Eltern mit den Kindern in den Wald gegangen sind, um Holz zu machen. Die Kinder folgen den Eltern auf ihrem Weg, aber dieses Folgen hat seine Unschuld verloren, denn die Kinder wissen ja, dass die Eltern sie zurücklassen und verraten wollen, deshalb markiert Hänsel auch den Weg.

Ein anderes Beispiel ist das Märchen vom Rotkäppchen, das den Auftrag erhält, einen ganz bestimmten Weg, und zwar nur diesen Weg zu der kranken Großmutter zu gehen. Es bekommt ausdrücklich die Warnung »mit auf den Weg«, nur nicht »vom Wege abzukommen« und sich mit niemandem zu unterhalten. Rotkäppchen hält sich natürlich nicht daran, pflückt Blumen abseits des Weges und gibt dem Wolf bereitwillig Auskunft über Auftrag und Ziel seines Weges. Beide Märchen sind voller Symbolik und verschiedener Interpretationsmöglichkeiten und beide haben sie »den Weg« als Urthema.

Das *Ich bin Wort* Jesu handelt ja nicht nur vom Weg, sondern auch von der »Wahrheit« und vom »Leben«. Auch in dieser Kombination halte ich den Weg für das zentrale Bild. Dies kommt auch in der Meditation zum Ausdruck, wo es heißt: »Die Wahrheit ist der Weg zum Leben!« Wie oft habe ich erlebt, dass eine Lebenslüge einen Menschen krank und klein gemacht hat. Es ist kein Leben, wenn man sich selbst und andere permanent belügt. Und wenn dann irgendwann der Druck zu groß wird und man nicht mehr so weitermachen kann und will, dann eröffnet die Wahrheit einen neuen Weg zum Leben.

Das ist die Wellness-Botschaft der Bibel: »Ich darf sein« und ich darf die Wahrheit zugeben, zumal die Wahrheit dem, der mich geschaffen und in diese Welt gebracht hat, längst bekannt ist. Und ich darf auf Vergebung hoffen und im Freiraum dieser Vergebung neu aufbrechen und lernen, meinen wahrhaftigen Lebensweg neu zu gestalten. Der Satz: »Ab heute beginnt der Rest deines Lebens!« gewinnt auch hier eine starke und befreiende Bedeutung. Es ist nie zu spät umzukehren und als Mensch, der Vergebung erfahren hat, neu und mit leuchtenden Augen durchzuatmen. Das ist Wellness in umfassendem Sinne und ganz von innen heraus. Allerdings gibt es ohne den Mut zur Wahrheit keine Vergebung. Deswegen sei hier und später noch einmal gesagt: »Die Wahrheit ist der Weg zum Leben!«

Auch im gesellschaftspolitischen Bereich geht es immer um einen Weg, der zu gehen ist, um ein ganz bestimmtes Ziel, das zu erreichen ist. Als nach der Ära Kohl Rot-Grün an die Macht kam, wurde sehr schnell, ja fast hastig eine neue Politik in Sachen Atompolitik vorangetrieben. Man wollte die Zeit nutzen, den Ausstieg aus der Atomenergie so schnell wie möglich durchzuziehen. Dazu hatte man ein fast brachial anmutendes Tempo auf einem neuen Weg vorgelegt.

Jede Regierungserklärung, jedes Parteiprogramm, jede politische Rede beschreibt einen Weg, der zu gehen ist, um bestimmte Ziele zu erreichen. Und immer haben all diese Erklärungen und Ausblicke mit dem Urbild des biblischen Exodus zu tun, dem Weg des Volkes Israel aus der Knechtschaft, durch die Wüste in ein Land Kanaan, ein Land, in dem es allen besser gehen wird. Und so gilt es, die Wege, die uns von Politikern und Funktionären oft mit blumigen Worten und auf »Fachchinesisch« »vor Augen gemalt werden«, zu überprüfen, und zwar in der Weise kritisch zu überprüfen, ob sie wahrhaftig sind und ob sie tatsächlich dem Leben, dem harmonischen Zusammenleben in unserer Gesellschaft dienen.

Die Politikverdrossenheit in unserem Land ist auch deshalb so groß, weil wir ständig den Eindruck haben, dass die Wege, die da beschrieben werden, längst schon als Sackgassen und Irrpfade bekannt sind und dass man immer wieder versucht, uns, den Bürgern, ein U für ein X zu verkaufen. Wir fühlen uns belogen und wir glauben nicht mehr das, was man uns verspricht. So wird die Politik zu einem leblosen Verwaltungsapparat, der fernab von unserer Lebenswirklichkeit existiert. Das Bild vom Weg, der Wahrheit und dem Leben setzt uns eine kritische Brille auf und ermutigt uns an dem Ort, an dem wir leben, neue Wege zu suchen, die Leben eröffnen. Das kann bedeuten, dass ich mich in einer Kultur- oder Umweltinitiative engagiere, das kann bedeuten, dass ich mich politisch einbringe und in einen Gemeinderat wählen lasse, das kann bedeuten, dass ich mit vielen anderen auf die Straße gehe und auch hier wieder einen Weg gehe, um der Wahrheit und um des Lebens willen, so wie das unsere Schwestern und Brüder im Herbst 1989 in der ehemaligen DDR getan haben.

»Ich bin der Weg, die Wahrheit und das Leben« – mit allen Sinnen

Wie die fünf Sinne bei einem ganz normalen Weg angesprochen werden, haben wir schon bei dem Bild vom Hirten gesehen. Nun ist es aber durchaus so, dass auch unsere Sinne »eigene Wege« gehen und gehen können. Wenn wir unser Leben als einen Weg begreifen, so haben unsere fünf Sinne auf diesem Weg jeweils ihre eigene Geschichte, die mit der Entfaltung dieser Sinne beginnt und in der Regel mit einem allmählichen Schwächerwerden dieser Sinne endet.

Wenn wir den Ablauf eines Tages als Weg verstehen, so haben auch hier unsere Sinne von einem jeweils eigenen Streckenablauf zu berichten.

Der Geruchs- und Geschmackssinn wird spätestens beim morgendlichen Zähneputzen intensiv in Anspruch genommen. Kaffeeduft liegt in der Luft und ein leckeres Müsli knackt zwischen den Zähnen. In Vorfreude auf die Frühstückspause setzt schon während der Arbeit die Speichelsekretion ein, und beim Mittagessen gehen wir vielleicht von der Vorspeise über die Hauptspeise zum Nachtisch einen eigenen kleinen Geruchs- und Geschmacksweg. Überhaupt ist ein vier- oder fünfgängiges Menü immer aufgebaut wie ein guter Weg: Es beginnt leicht, wird etwas schwerer, aber auch pikanter, dann kommt das Hauptstück und zum Abschluss etwas Süßes – das Ziel. Wenn dann noch, entsprechend abgestimmt, die jeweils richtigen Getränke dazu gereicht werden, so gehen unsere Nase und unser Gaumen, aber auch unsere Augen (das Auge isst mit) und unser Tastsinn einen sehr umfassenden und beglückenden Weg. Wenn wir dann noch das deftige Lutherzitat: »Warum rülpset und pfurzet Ihr nicht, hat es Euch nicht geschmacket?«, hinzunehmen, ahnen wir, dass auch das Gehör bei diesem »Ereignis« nicht zu kurz kommt.

Ähnlich wie ein Menü hauptsächlich einen Weg mit unserem Geruchs- und Geschmackssinn geht, so geht ein Hörspiel, eine Hör-CD oder auch eine gut gemachte Radiosendung »Hörwege« mit uns. Mitunter sind die Wege, die uns unsere Ohren führen, und die Bilder, die über das Gehör in uns entstehen, viel reizvoller als tatsächlich bebilderte Geschichten via Film und Fernsehen. Bei langen Autofahrten liebe ich die Hörbücher, und seitdem es sie gibt, sind auch lange Autofahrten mit den Kindern kein Problem mehr. Vor einiger Zeit war die Hör-CD »Der Herr der Diebe«, eine Geschichte von Cornelia Funke, in unserem CD-Player der absolute Renner. Man bekam richtig Lust auf Venedig. Später haben wir uns dann auch den Kinofilm angesehen und waren ziemlich enttäuscht. Die inneren Bilder, die durch das Hörbuch entstanden waren, waren einfach besser! Es ist eine gute Übung, sich einmal irgendwo bequem hinzusetzen und die Augen zu schließen und zu hören: Welchen Weg führen mich meine Ohren?

Dass wir Wege mit unseren Augen wahrnehmen, erscheint uns mehr als logisch. Das Angebot ist übermächtig. Umso wichtiger erscheint es mir für unser Wohlbefinden, dass wir gut auswählen, welche Wege wir uns von anderen vorschreiben und aufdrängen lassen. Allen voran ist es natürlich das Medium Fernsehen, das uns ständig auf neue und scheinbar interessante Spuren führen möchte. Leider lohnt es sich selten und die permanenten Werbeunterbrechungen nerven nicht nur, sondern wollen uns auch ständig »abwegig« orientieren. Von Loriot stammt der schöne Satz: »Ein perfekter Werbeblock verfehlt im Fernsehen seine Wirkung, wenn er alle paar Minuten von einem unverständlichen Spielfilmanteil unterbrochen wird!«

Neue Wege: Als Familie verreisen wir gerne, beispielsweise auf die schöne Insel Korsika, und wir erleben, dass schon der Weg dorthin für uns eine wohltuende und spannende Angelegenheit ist. Wir sind anders, wenn wir gemeinsam unterwegs sind, irgendwie »herausgenommen«, fröhlich gestimmt und wir wissen: Jetzt haben wir Zeit füreinander und für gemeinsame Aktionen. Als wir vor einigen Jahren für vier Monate nach Californien »ausgewandert« sind, war das ein aufregend und völlig neuer Weg für uns alle, ein Weg, der uns als Familie zusammengeschweißt hat und von dem wir emotional auch heute noch zehren. Es lohnt sich, neue Wege zu planen und immer wieder aufzubrechen.

Nicht nur im Erlebnisgang der Christoffel Blindenmission (siehe S. 20) können wir »Tastwege« gehen – überall da, wo es dunkel ist und wir uns vorantasten müssen, schärfen wir unseren Tastsinn. Als unsere Kinder noch ganz klein waren, hatten wir »Tastbücher«. Das waren Bilderbücher, bei denen die Bilder durch Tast- und Streichelflächen unterstützt wurden. War da zum Beispiel ein kleines gelbes Küken abgebildet, so bestand der Körper dieses Kükens aus einem gelben Flausch, den man berühren und streicheln konnte, bei einem Fisch oder Reptil war es eine glatt-schuppige Oberfläche und bei einem Pferd ein fellartiges Streichelelement. Die Kinder konnten sehen, den Begriff hören und dann auch spüren: Wie fühlt sich eine Schlange an?

Im Wellnessbereich sind Tast- und Spürwege besonders beliebt. Jede gekonnt ausgeführte Massage geht einen wunderbar einfühlsamen Weg mit Ihrer Haut und Ihren Muskeln. Achten Sie einmal darauf: Was für den Gaumen das fünfgängige Menü, ist für den Körper eine einstündige Massage: mit Vorspeise, Hauptgang und Nachtisch.

All diese sinnlichen Wege können Sie nun in der Erotik kombinieren und hier sind Ihrer Fantasie und Kreativität nur wenig Grenzen gesetzt. Wirklich schöner und erfüllender Sex geht einen Weg, der behutsam mit kleinen Andeutungen beginnt, vielleicht schon den ganzen Tag über sachte ansteigt, raffiniert mit Essen, Trinken, Massage, Düften, Sauna, Bädern und Kerzenlicht (Kaminfeuer) kombiniert werden kann, um schließlich in einem alles umfassenden orgastischen Höhepunkt geradezu zu explodieren. Sie merken es schon beim Lesen – das klingt gut: Zum Wohlsein!

»Ich bin der Weg, die Wahrheit und das Leben« – im Alltag

Wer einen Weg gehen möchte, sollte das Ziel des Weges möglichst gut kennen. Diese Aussage erscheint uns zunächst wie eine Binsenweisheit und wenn es um eine Urlaubs- oder Geschäftsreise geht, auch absolut notwendig. Doch schon bei der Betrachtung unseres Lebens- oder Berufsweges werden wir feststellen, dass es nicht immer so ganz klar war, wohin uns unser Weg führt. Die sprich-wörtliche Anfrage: »Wohin des Weges?«, ist berechtigt und für viele Menschen, aber auch für Familien, Gemeinden und Vereine eigenartigerweise eine Frage, die in der Regel so klar niemals gestellt wird. Es gibt eine Möglichkeit, den eigenen Zielen »auf die Spur« zu kommen. Diese Möglichkeit oder Methode finden wir im Alten Testament und sie wird in der freien Wirtschaft unter vielen Namen gehandelt – für mich sehr schlüssig und biblisch gut wiedererkennbar: das »Sechsphasenmodell«.

Dazu zunächst der Satz:

Moses wollte kein Picknick in der Wüste,
sondern er wollte nach Kanaan.

Hätte Mose nicht ein klares, zunächst wohl auch utopisches Ziel vor Augen gehabt, wäre es nicht zu der »Weg-Erfahrung« schlechthin gekommen, hätte es keinen erfolgreichen Exodus gegeben.

Das Sechsphasenmodell der Bibel

© GEP/Clemens Bittlinger

1. Phase – *Bestandsaufnahme*: Exodus 3,7a

»Ich habe gesehen, wie mein Volk
in Ägypten misshandelt wird.
Ich habe gehört, wie es um Hilfe schreit
gegen seine Unterdrücker ...«

In dieser ersten Phase geht es vor allem darum, möglichst viele Fragen zu sammeln, die die augenblickliche Situation, den »Istzustand« erhellen und definieren können. Es geht darum, mit möglichst vielen Augen und Ohren zu sehen und zu hören: Wo befinden wir uns?

2. Phase – *Analyse*: Exodus 3,7b

»... ich weiß (!), was es auszustehen hat ...«

In dieser zweiten Phase geht es vor allem darum, die vielen Fragen exakt zu beantworten. Es geht darum, unsere Fragen und Vermutungen in Wissen und gesicherte Erkenntnis zu verwandeln. Dabei ist exakte Recherche notwendig und gefragt.

Am Ende der 2. Phase steht ein klares, möglichst quantifizierbares (messbares) Ziel: Exodus 3,8:

»... und bin gekommen, um es von
seinen Unterdrückern zu befreien.
Ich will es aus Ägypten herausführen
und in ein fruchtbares und großes Land
bringen, ein Land, in dem Milch und
Honig fließt.«

Dies ist zugegeben kein klassisches Marketingziel, da zum Beispiel kein Zeitraum angegeben ist. Aber hätte Gott Mose und dem Volk Israel gesagt, dass es mindestens 40 Jahre dauern würde, dann hätten sie sich nicht darauf eingelassen.

3. Phase – *Strategie*: Exodus 3,10

> *»Deshalb schicke ich dich zum Pharao.*
> *Du sollst mein Volk, die Israeliten,*
> *aus Ägypten herausführen ...«*

Nachdem ich das Ziel kenne und formuliert habe, kläre ich, *wie* ich dieses Ziel erreichen will, erstelle einen *Zeitplan* und formuliere sogenannte *Kommunikationsziele*: Ein großes Kommunikationsziel hier würde heißen: Der Pharao soll *verstehen*, warum das Volk Israel nicht mehr bleiben will, er soll *empfinden*, dass es leidet, und er soll *handeln* und es ziehen lassen.

4. Phase – *Kreative Phase*: Exodus 4,27 – 12,30

> *Mose in Ägypten, die zehn Plagen.*

In dieser Phase schaffe (kreiere) ich die Mittel, die ich benötige, um meine Strategie umzusetzen: zum Beispiel die Erstellung von Werbemitteln und ihre Schaltung, um eine Veranstaltung durchzuführen. In der Exodusgeschichte ist der Pharao die Hauptdialoggruppe und die »Maßnahmen« sind die Aktionen, welche die Durchführung vorbereiten.

5. Phase – *Umsetzung*: Exodus 12,31ff

> *Der Auszug aus Ägypten, 40 Jahre Wüste,*
> *das wandernde Gottesvolk.*

6. Phase – *Kontrolle*: penibel festgehalten im Buch Josuah

Es ist gut, dieses Sechsphasenmodell mit mehreren Personen durchzuspielen: Acht Augen sehen nämlich mehr als zwei oder vier – es kommen einfach mehr Fragen, Antworten und Ideen auf den Tisch. Es ist gut, sich Zeit zu nehmen. Mindestens einen ganzen Tag, besser mehrere Tage, weil viele Fragen (Phase eins) erst nach einer Recherche beantwortet (Phase zwei) werden können. Es empfiehlt sich die Metaplantechnik (Karteikarten, Pinnwand etc.) anzuwenden, da hier der augenblickliche Stand des gemeinsamen Weges immer für alle sichtbar ist und auch jene zu Wort kommen, die eher schweigsam sind. Oft haben die »stillen Wasser« zündende Ideen.

Diese Art und Weise, einen Weg vorzubereiten und dann auch zu gehen, hat sich in vielen Situationen bewährt – egal ob im privaten, ehrenamtlichen oder im geschäftlichen Bereich. Faszinierend an diesem Prozess, wenn andere mitdenken und planen, ist, dass sich oft ganz andere Ziele herauskristallisieren als ursprünglich gedacht. Ich komme dem, was wirklich dran ist, auf die Spur.

Allein für die Beantwortung der Frage: Wo möchte ich in fünf Jahren privat, geschäftlich und für mich ganz persönlich stehen?, lohnt es sich, die verschiedenen Phasen einmal durchzuspielen. Tun Sie das aber unbedingt gemeinsam mit anderen und wenn möglich mit einem Coach, der mit dieser Methode vertraut ist. »Dieser Weg wird kein leichter sein …«, aber am Ende werden Sie um einiges leichter sein und leichter leben – Gott tut gut!

Natürlich lädt das Bild vom Weg auch ein, zu wandern, zu joggen und sich körperlich zu betätigen. Zugegebenermaßen ist das Thema körperliche Fitness bisher zu kurz gekommen, aber es gehört natürlich zu einem fundierten Wohlfühlprogramm dazu. Ich kann Ihnen diesbezüglich jedoch nur raten, auf Ihre innere Stimme (nicht zu verwechseln mit dem »inneren Schweinehund«, siehe Thema »Auferstehung«) zu achten. Es gab Phasen, da war ich beispielsweise richtig wild auf Fitnesstraining. Joggen oder Walken mochte ich noch nie. Ich kann leider auch nicht berichten, dass ich mich nach einem viermonatigen regelmäßigen Fitnessstudio-Besuch wirklich umfassend besser gefühlt hätte. Im Gegenteil gab es da einiges, was mich je länger, je mehr genervt hat: die laute Musik und die Videoclip-Monitore überall. Aber natürlich gibt es unterschiedliche Angebote und Trainingsmöglichkeiten, die Sie wahrnehmen können. Mir tut es zum Beispiel gut, wenn ich ab und zu schwimmen gehe, im Winter ein bisschen Ski fahre und regelmäßig (zwei Mal pro Woche) in die Sauna gehe. Auch die Sauna passt zum Bild des Weges, denn wir »gehen« in die Sauna. Wir brauchen Zeit, und in dieser Zeit absolvieren wir zwei oder drei genüssliche »Gänge«.

Neulich habe ich mir eine Rudermaschine gekauft! »Ich muss etwas für meinen Körper tun«, habe ich mir gesagt. Also habe ich mir dieses Fitnessgerät angeschafft und in unseren Keller gestellt. Da stand es nun und wartete darauf, dass ich mich herablassen würde und mich nun auch tatsächlich sportlich betätige. In den ersten Tagen war die Begeisterung ja auch groß. Täglich, so hatte ich mir vorgenommen, täglich wollte ich nun im Trockenen rudern und mich dabei von Tag zu Tag steigern. Mein Umfeld würde bald staunen ob meiner Fitness und sicherlich würden auch die Jacketts bald nicht mehr passen – ich sah meinen zukünftigen, muskulösen Körper schon vor einem imaginären Spiegel posieren.

Nun, einige Zeit später ist die Rudermaschine immer noch in unserem Keller, jetzt aber an die Wand gelehnt. Sie steht da so ein bisschen quer – fast so wie ein Fragezeichen und eine unbequeme Erinnerung: »Wolltest du nicht täglich ...?« Doch irgendwie ist mir die Lust am Fitness-Training abhandengekommen. Irgendwann fand ich es langweilig und stumpfsinnig, alleine und im Trockenen zu rudern. Und doch lasse ich die Maschine da stehen – quer und fragend, denn ich weiß ja, »eigentlich« würde es mir guttun, mich sportlich zu betätigen.

Wenn Sonntagmorgens die Glocken läuten und mich zum Gottesdienst einladen, dann ist das so ähnlich wie mit meiner Rudermaschine: Das Glockenläuten gehört zu einem richtigen Sonntag und mit ihm die leise Erinnerung: Es wäre doch sicher gut, mal wieder etwas anderes zu hören. Es wäre doch sicher gut, mal wieder still vor Gott zu werden. Es würde sicher auch nicht schaden, mal wieder eine Kirche zu betreten und »Danke« zu sagen: »Danke für das Leben, danke für die Menschen, die mich umgeben, ach ja und: Danke für die Rudermaschine!«

Überdenken Sie die Wege, die Sie tagtäglich zurücklegen: Wo kann ich das Fahrrad benutzen oder welchen Weg kann ich laufen? Wege, die wir nicht hetzen, sondern bewusst wahrnehmen, tun uns auch deshalb gut, weil wir an die frische Luft kommen, durchatmen und ein bisschen Druck aus der Situation nehmen.

Eine besonders ganzheitliche Erfahrung in Sachen »Weg« scheint mir das Pilgern zu sein. Damit habe ich jedoch keine Erfahrung und für einen Eigenversuch vor Abgabe dieses Manuskriptes reicht es leider nicht mehr. Wenn Sie sich aber einen überaus amüsanten Einstieg zu diesem Thema gönnen wollen, empfehle ich Ihnen das Buch von Hape Kerkeling *Ich bin dann mal weg – Meine Reise auf dem Jakobsweg*. Der Entertainer beschreibt hier auf sehr eindrückliche und humorvolle Weise »den wichtigsten Weg seines Lebens« und resümiert: »Dieser Weg ist hart und wundervoll. Er ist eine Herausforderung und Einladung. Er macht dich kaputt und leer. Und er baut dich wieder auf. Er nimmt dir alle Kraft und gibt sie dir dreifach zurück.«

»Ich bin der Weg, die Wahrheit und das Leben« – Meditation

Ich bin der Weg,
nicht wie die großen Chausseen,
auf denen die Masse stolziert,
verlaufe ich unscheinbar
am Rande.

Nicht planen
kann man mich,
nicht bauen
kann man mich,
nur finden –
ich bin.

Ich bin der Weg,
ich mache keinen Bogen
um die Wahrheit.
Im Gegenteil,
ich bin gekommen,
um nach Hause
zu führen
den Verlorenen,
zu trösten
den Hoffnungslosen,
dich.

Ich bin der Weg,
such mich
an keiner Kreuzung,
ich durchkreuze
alle Wege,
auch die frommen.
Wer mich finden will,
muss seinen Weg
verlieren,
und vordrängeln
nützt gar nichts,
denn die,
die ganz hinten stehen,
finden mich zuerst,
ich beginne mit Umkehr.

Ich bin die Wahrheit,
der einzige Weg.
Wer die Wahrheit
nicht scheut,
wird das Leben
entdecken.
Leben,
darum geht es:
die Wahrheit
ist der Weg
zum Leben.

»Ich bin der Weg,
ich bin die Wahrheit,
ich bin das Leben.«

Jesus Christus

»Ich bin der Weg, die Wahrheit und das Leben« – biblischer Impuls

Das Bild vom Weg spielt in der Bibel eine große Rolle, im Grunde könnte man die ganze Bibel als einen Weg bezeichnen, den Gott mit uns Menschen geht bis auf den heutigen Tag. Die Bibel ist ein Buch, das unseren Weg begleitet, wenn wir es ernst nehmen und Rat und Trost und Kraft darin suchen.

Die Geschichte des Volkes Israel ist geprägt vom Gedanken des Weges. Das Urbild, nämlich der Exodus, der Auszug aus Ägypten, hat Dichter, Sänger und Philosophen immer wieder beflügelt und inspiriert, bis hin zu dem großen Philosophen Ernst Bloch, der anhand des Weges des Volkes Israel durch die Wüste sein *Prinzip Hoffnung* entfaltet hat.

Der Weg der 40-jährigen Wanderschaft, der engen Beziehung zwischen Gott und seinem Volk ist so etwas wie ein Idealbild, ein Traumbild für den lebendigen Glauben geworden.

Es ist der Weg heraus aus der Knechtschaft hin in ein Land, »in dem Milch und Honig fließen«.

Und immer wieder schickt Gott die Menschen »auf den Weg«: Er lässt Noah eine Arche bauen, er sendet Jona nach Ninive, schickt die Propheten zu seinem Volk, lässt seine Kinder ins Exil führen, belebt den Traum von der Rückkehr in ein neues, ein strahlendes Jerusalem. Kein Wunder also, dass auch das Leben Jesu als ein Weg beschrieben wird, der letztendlich auf Jerusalem, die Stadt Davids, zusteuert und dort sein Ende findet.

Jesus war ein Wanderprediger, einer, der zu Fuß unterwegs war. Er war immer auf dem Weg zum Menschen, zu denen, die bereit waren, ihm zu folgen und zuzuhören, aber auch zu denen, mit denen niemand sprach und sich niemand abgab, schon sehr früh sprengte er jegliche Konvention, indem er zum Beispiel auch die Frauen gleichwertig behandelte.

Die aktive Zeit des Jesus von Nazareth wird als ein Weg beschrieben – ein Weg in die Wüste, durch die Einöden und Dörfer Galiläas – ein Weg nach Jerusalem.

Vor einiger Zeit hat eine große Illustrierte die Füße von bekannten Persönlichkeiten abgebildet, unter anderem auch die Fußsohlen eines guten Bekannten, Rüdiger Nehberg, ein Survival-Spezialist, der schon barfuß im Amazonas-Dschungel und in den Wüsten Australiens unterwegs war. Füße können eine Menge erzählen und es müssen besondere Füße gewesen sein – die Füße Jesu. Füße, die ständig unterwegs waren – auf dem Weg hin zu den Menschen.

Und nun waren sie, Jesus und seine Jünger, kurz vor Jerusalem und saßen beim Abendessen zusammen. Plötzlich stand Jesus auf, nahm sich eine Schürze, band sie sich um, goss Wasser in ein Becken und begann seinen Jüngern die Füße zu waschen. Und als er sich vor Petrus niederkniete, erschrak der: »Herr, willst du mir etwa die Füße waschen, niemals!« Und Jesus antwortete ihm: »Wenn ich dich nicht wasche, dann gehörst du nicht zu mir!« Da rief Petrus: »Ja, wenn das so ist, dann bitte nicht nur die Füße, nein dann bitte auch Kopf und Hände!«

Lied

Hand und Fuß

1. *Wir saßen so zusammen,*
wir saßen grad bei Tisch,
da nahm er eine Schürze
und Schüssel Wasser sich.
Er kniete vor uns nieder,
begann mit sanfter Hand
die Füße uns zu waschen,
zu reinigen vom Sand.

2. *Erschrocken zog ich meine*
Füße schnell zurück,
komm, lass du mich *das*
machen,
das schickt sich einfach nicht.
Wir sollten dich *umsorgen,*
du *bist doch unser Herr,*
und dir *die Füße waschen*
und nicht umgekehrt.

3. *Da sahen seine Augen*
mich endlos lange an:
Wem ich in dieser Runde
nicht so begegnen kann,
dass ich ihm einfach diene
und vor ihm niederknie,
hat nichts von mir verstanden
und versteht mich nie.

Hand und Fuß,
glaube mir,
der Glaube muss
Hand und Fuß bekommen.

Lieben, helfen,
andern dienen
ist nicht grade in,
doch mit jedem
kleinen Beispiel
übt man sich darin:

Hand und Fuß,
glaube mir,
der Glaube muss
Hand und Fuß bekommen.

4. *Wenn das stimmt,*
lieber Meister,
dass du mich waschen musst,
damit ich dir gehöre,
dann nicht nur meinen Fuß,
nein, dann auch Kopf
und Hände.
Ich will dein Jünger sein
und alles, was ich habe,
nimm hin und es sei dein.

Als Jesus allen die Füße gewaschen hatte, schaute er sich um und fragte: »Habt ihr bemerkt, was gerade passiert ist? Ihr nennt mich Herr und Meister und ihr habt recht damit: Ich bin euer Meister. Und wenn ich nun als euer Herr und Meister euch die Füße gewaschen habe, dann könnt ihr euch untereinander erst recht die Füße waschen.

Ich habe euch ein Beispiel gegeben,
dass ihr so handelt, wie ich euch
behandelt habe.«

Das ist eine der Situationen, die den sogenannten »Abschiedsreden Jesu« vorausging, und gleich zu Beginn dieser Abschiedsreden sagt Jesus sein wohl bekanntestes *Ich bin Wort*:

> *»Ich bin der Weg, die Wahrheit und das Leben; niemand kommt zum Vater außer durch mich!«*

Der textliche und inhaltliche Zusammenhang, in dem Jesus dieses *Ich bin Wort* sagt, lässt keinen Raum für überhebliche Absolutheitsansprüche des Christentums. Aber genau dafür wird dieser 6. Vers aus dem 14. Kapitel des Johannes-Evangeliums bis heute immer und immer wieder missbraucht.

Dabei geht es eben nicht um einen ideologischen oder religiösen Schlagabtausch, um die Frage, welche der Weltreligionen nun die einzig wahre ist, es geht überhaupt nicht um Theologie oder um das, was wir sagen oder erzählen, sondern es geht in erster Linie um die Frage, ob wir bereit sind, liebevoll auf andere zuzugehen. Es geht um die Frage, ob wir bereit sind, angesichts des Mitmenschen auf die Knie zu gehen und Drecksarbeit zu machen, anderen die Füße zu waschen; für sie da zu sein und ihnen zu dienen und ob wir bereit sind, uns auch einmal Gutes tun zu lassen.

Würden alle Religionen erst einmal auf die Knie gehen und zunächst einmal den Menschenbruder und die Menschenschwester sehen, dann gäbe es keine ideologischen Schlachten, dann gäbe es keine Karikaturenstreits und religiösen Eiferer, dann gäbe es nur dich und mich und den Gott der Liebe, der möchte, dass wir miteinander leben und behutsam pfleglich umgehen.

»Ich bin der Weg« – das sagt der, der so viele Wege, so viele ungewöhnliche Wege hin zum Menschen gegangen ist und dessen wunde und geschundene Füße sicherlich auch der Pflege bedurft hätten. Jesus sagt nicht nur »Ich bin der Weg ...« , sondern er geht ihn auch und zwar mitten hinein ins finstere Tal, mitten hinein in die menschlichen Abgründe. Jesus ist sich nicht zu schade, die Drecksarbeit zu übernehmen, und weil er sich »der Wahrheit« verschrieben hat, deshalb endet sein Weg auch am Kreuz. Denn eines mögen wir Menschen nicht, dass uns jemand die Wahrheit sagt und womöglich noch andauernd den Spiegel vorhält. Jesus sagt nicht nur »ich bin die Wahrheit«, wo immer er auftaucht tritt die Wahrheit zutage – meistens die Wahrheit eines Menschen. Erst wenn ich aufhöre, einer Lebenslüge nachzujagen, erst wenn ich aufhöre, meine ungestillte Sehnsucht mit allerlei Ersatzbefriedigungen »zuzukleistern«, kann ich mich auf den Weg zu meinem eigentlichen Leben machen und zu dem Leben, das Gott für mich bereithält.

Und wenn Jesus sagt: »Ich bin das Leben«, dann meint er damit natürlich auch ein Leben, das über den Tod hinausgeht, ein Leben, das nicht im lebenslänglichen Schatten des Todes gefangen ist, sondern das mir eine Perspektive bietet über diese 70 bis 80 Jahre, die ich in etwa am Leben bin, hinaus.

Das ist Wellness und ganzheitliches Leben: Mir werden die Füße gewaschen und nicht der Kopf, ich darf lernen niederzuknien vor dem Menschen und ich steige ein in ein wahrhaftes Leben, das mit jedem Pulsschlag die Ewigkeit inhaliert und atmet.

Das Leben Jesu war deshalb so wirkungsvoll, weil hier einer mit eigenem Beispiel voranging, sich ohne große Worte die Schürze umgebunden hat, die Schüssel Wasser genommen und seinen Freunden die Füße gewaschen hat.

»Ich bin der Weg, die Wahrheit und das Leben« – Geste

Ich

Zeigefinger und Mittelfinger zusammen nach oben strecken.

bin der Weg,

Mit beiden Händen die Fußfesseln (Beine) umfassen.

die Wahrheit

Rechte Hand aufs Herz legen, den linken Arm wegstrecken.

und das Leben.

Arme in offener Gebetshaltung.

Niemand kommt zum Vater

Arme offen nach oben strecken.

denn durch mich.

Beide Hände aufs Herz legen.

»Ich bin der Weg, die Wahrheit und das Leben« – Lied

Schritte wagen

Schritte wagen im Vertrau'n
auf einen guten Weg.
Schritte wagen im Vertrau'n,
dass letztlich er mich trägt.
Schritte wagen, weil im Aufbruch
ich nur sehen kann:
Für mein Leben gibt es einen Plan.

Schritte kann man manchmal sehen,
Spuren, die noch nicht verweht,
Wege, die auch andre gehen,
ob da jemand vor mir geht.

Schritte kann man manchmal hören,
Kindertippeln, Stöckelschuh,
Gleichschritt – Schritte, die mich stören,
Schritte kommen auf mich zu.

Schritte kann man manchmal spüren,
Freude will mit mir hinaus.
Füße fangen an zu frieren,
tanzen sie sich dann nicht aus.

Schritte kann man sich erdenken,
klug beschreiben einen Schritt.
Manches kann man sich auch schenken,
nimmt der Kopf den Fuß nicht mit.

Schritte kann und darf man gehen,
Schritte führen uns zum Ziel.
Ohne Schritte bleibst du stehen
und verpasst dabei so viel.

»Ich bin der Weinstock, ihr seid die Reben«

Um dieses Bild Jesu zu verstehen, ist es hilfreich, wenn wir ein bisschen hinschauen, was beim Weinbau geschieht. Dazu ein kurzer humorvoller Einstieg, der eine Fülle von Informationen zum Thema Weinstock und Rebe und Weinbau insgesamt bietet.

Von der Rebe, die vom Weinstock wegwollte

»Also, ich mache das nicht mit. Es ist doch jedes Jahr das Gleiche für uns Reben, es ist eine zum Himmel schreiende Ungerechtigkeit. Da strengt man sich an, wächst das ganze Jahr über wie eine Wilde und wird doch ständig und immer wieder beschnitten und zurückgestutzt.

Ich mache mich selbstständig, sollen die anderen sich ruhig zurechtstutzen lassen. Mit mir nicht – ich will wild wachsen, so wie es sich für ein anständiges Lianengewächs gehört. Wild und romantisch wie meine südländischen Verwandten, die werden nicht zurückgestutzt. Ich habe die Nase voll von Sprüchen wie: ›Immer schön im Drahtrahmen bleiben.‹ Ich will nicht im Drahtrahmen leben. Das würde dem Winzer so passen, dass ich genau so wachse, dass er mich im Sommerschnitt wieder gut klein halten kann.

Früher, da hatte man noch wenigstens Kontakt, da bekam man ab und zu noch jemanden zu Gesicht. Das konnte schon ein prickelndes Ereignis sein, wenn sich so ein junger, gut aussehender, durchtrainierter Winzer über einen beugte und beschnitt. Aber heute machen das ja alles Maschinen. Razz, fazz – so schnell schaust du gar nicht und bist schon wieder einen Kopf kürzer. Die anderen sagen immer: Das geschieht doch nur zu deinem Besten. Wenn du Rebe dich auswachsen würdest, dann wärst du am Ende zwar vielleicht doppelt so lang, aber auch unheimlich dünn und würdest nur noch Kümmerbeeren hervorbringen. Pah – das halte ich für ein Märchen, das hat ja wohl noch keiner von den ganzen Schlaubergern ausprobiert. Ich will wild wachsen, nach links und rechts. Ich will meine Triebe mal so richtig ausleben, und wenn am Schluss dann Kümmerbeeren herauskommen, na und, dann hab ich wenigstens meinen Spaß gehabt.

Die Chance, dass ausgerechnet ich weitermachen darf, steht ja sowieso nur 1:15. Wir alle hier können uns anstrengen, wie wir wollen, immer schön beschneiden lassen, den ganzen Zucker abgeben und ganz tolle Früchte hervorbringen, am Ende darf ja doch nur eine von uns fünfzehn weitermachen, die anderen werden im Januar abgeschnitten. So sieht es nämlich aus.

Wir Reben sind nur dazu da, dass der Winzer die Trauben ernten kann. Daraus wird dann Wein gemacht, den die Menschen mit der Zunge schnalzend genießen. Mit ›Oh!‹ und ›Ah!‹ loben sie die Traube und geben ihr klangvolle Namen wie Dornfelder, Schwarzriesling oder Cabernet Sauvignon. Wir werden dafür das ganze Jahr über mit Schwefel und Pestiziden bespritzt, die heißen dann weniger klangvoll: Topas, Prosper, Vento oder Aktuan, und keiner erwähnt uns. Jeder denkt nur an die Trauben, niemand kennt die Reben … Ich will weg, ich will frei sein, wild aufwachsen und für mich leben …«

Jesus wendet sich mit dem Bild vom Weinstock und den Reben ganz eindeutig an die Menschen, die ihm nachfolgen oder »hinterherstolpern«. Diejenigen, die sich an ihn halten, das sind die Reben. Fast beschwörend fordert er von seinen Jüngern unbedingte Verbindlichkeit. »Bleibt dran«, nur wenn ihr »dranbleibt« könnt ihr »Frucht bringen«. Das klingt in unseren Ohren sehr vertraut dieses »bleiben Sie dran«: »Nach einer kurzen Werbeunterbrechung erzählen wir Ihnen, warum Verona P. ihren Dackel schlägt, also bleiben Sie dran, wenn Sie jetzt den Sender wechseln, dann verpassen Sie etwas ganz Tolles.« Spielfilme werden an den spannendsten Stellen einfach durch einen Werbespot von »Krombacher« unterbrochen, immer mit der ausgesprochenen oder unausgesprochenen Aufforderung »bleiben Sie dran, jetzt kommt zwar Werbung, aber es lohnt sich dranzubleiben …«

Doch in unserem Fall, im Fall vom Weinstock und den Reben, ist es gar nicht so einfach »dranzubleiben«, zumindest aus der Sicht des Winzers ist die Tatsache, dass Reben abgeschnitten und verbrannt werden, überhaupt nicht spektakulär, sondern es ist der Normalfall. Nach der Ernte werden 14 von 15 Reben abgeschnitten und verbrannt, nur eine darf »weitermachen«. Der Normalfall ist für eine Rebe, dass nach einer Saison Schluss ist. Also auch, wenn die Rebe Frucht bringt, wird sie in der Regel irgendwann abgeschnitten. Jesus durchbricht dieses Bild, indem er im Vers 6 sagt: »Wer nicht in mir bleibt, der wird weggeworfen wie eine Rebe und verdorrt und man sammelt sie und wirft sie ins Feuer, und sie müssen brennen.«

Es geht also nicht darum, eine ewig fruchtbringende Rebe zu sein – die gibt es nämlich gar nicht, das weiß auch Jesus – der Normalfall ist: Reben vertrocknen, werden abgeschnitten, gesammelt und verbrannt. Manche, die jetzt hier das Höllenfeuer vermuten, bitte ich sich zu gedulden und die Tatsache zu ertragen, dass Jesus mit einem Bild einsteigt, aus dem er dann wieder ausbricht.

Räumen wir also auf mit dem ersten großen Irrtum, den dieser Text über die Jahrhunderte in unsere Köpfe eingetrichtert hat: Es gibt keine ewig existierenden, ewig fruchtbringenden Reben, sondern auch »kirchlich engagierte Menschen« sind sterblich. Das mag Sie erschrecken, aber es ist gleichzeitig ein großer Trost.

Tatsache ist, und das wird jeder Winzer bestätigen, eine Rebe, die keinen Kontakt zum Weinstock hat, wird keine Frucht bringen.

Das Bild vom Weinstock und den Reben hilft mir, mich als ein Teil eines großen, komplexen Systems zu begreifen. Das gilt für die Familie, in der ich lebe, für die Gemeinde, den Ort, die Gesellschaft und diese Erde, deren Bewohner ich bin. Nur wenn alle harmonisch »zusammenspielen« und versuchen, ihr Bestes zu geben, haben diese Systeme eine Zukunft. Wenn ein Teil leidet, betrifft das das gesamte System und lässt es auf die Dauer instabil werden. Ich denke, wir müssen lernen, dass es nur in unserem ureigensten Interesse sein kann, wenn wir dafür sorgen, dass wir die Werte Frieden, Gerechtigkeit und Bewahrung der Schöpfung nicht aus den Augen verlieren, sondern mithelfen, dass andere, sowohl hier in Europa, aber auch in anderen Teilen dieser Erde wirklich leben können.

Das Bild vom Weinstock erinnert mich daran, dass der Raubbau an den Ölreserven und die Abholzung der Regenwälder das gesamte System aus dem Gleichgewicht bringt und die zunehmende Erwärmung der Erde und die Entstehung von Hurrikans, Erdbeben und riesigen Flutwellen zum großen Teil »hausgemacht« sind. Es trägt nicht gerade zu meinem Wohlbefinden bei, wenn ich mir diesbezüglich die Zukunft unserer Erde ausmale, aber es wird das Wohlbefinden der Generationen nach uns noch viel mehr beeinträchtigen, wenn wir nicht lernen, nachhaltiger zu denken und zu handeln. Der Pfarrer und Politiker Rainer Eppelmann (MdB und für kurze Zeit Minister für Abrüstung und Verteidigung in der DDR-Übergangsregierung unter Lothar de Maizière) hat einmal gesagt: »Die Tatsache, dass ich als Bub in der DDR Walnüsse essen konnte, hatte ich dem Umstand zu verdanken, dass mein Großvater einen Walnussbaum gepflanzt hatte.« Wer weiß, wie lange es dauert, bis ein Walnussbaum tatsächlich essbare Walnüsse trägt, weiß auch, dass dieser Großvater etwas in die Wege geleitet hat, was ihm keinen unmittelbaren Nutzen bringen konnte, denn der Großvater hat niemals die Nüsse dieses Baumes kosten dürfen, wohl aber die Enkel. Darum geht es, dass wir uns als Teil eines Systems begreifen, das nachhaltig für die Erhaltung dieses Systems Sorge trägt.

»Ich bin der Weinstock, ihr seid die Reben« – mit allen Sinnen

Ich sehe den Weinstock und die Reben. Ich staune über die jahrhundertealten Weinstöcke; Knorze, die sich in die Erde graben, Wind und Wetter widerstehen. Ich staune über die verschiedenen Rebsorten und regionalen Unterschiede. Ich sehe die Landschaften, die lieblichen Weinberge – Spiegel der Jahreszeiten. Der Weinberg, der Weinstock und die Reben sind ein herrliches Bild und eine schöne Metapher für das Leben, die Gemeinschaft und das Wunder der Schöpfung. All das sehe ich und freue mich daran. Ich sehe, dass etwas Unscheinbares nach einer langen Zeit wunderbare Früchte trägt.

Ich rieche und schmecke die unterschiedlichen Entwicklungsstufen der Reben und vor allem ihrer Früchte. Kaum zu glauben, dass aus erbsengroßen Fruchtansätzen Monate später eine wunderbar süße und gehaltvolle Traube reift. All das kann ich riechen und schmecken. Und meine Nase und mein Gaumen freuen sich schon, bekommen schon einen Vorgeschmack auf den Wein, der da entstehen könnte.

Zu hören gibt es auch jede Menge im Weinberg. Da sind zum einen die unterschiedlichen jahreszeitlich bedingten Geräusche und Vogelstimmen. Da ist aber auch das Geböllere der Kanonen, um die Vögel zu vertreiben, und das fröhliche Geschwätz der Erntehelfer im Herbst.

Der Winzer, der durch die Weinberge zieht, tut dies natürlich prüfenden Blickes – zu allen Jahreszeiten, aber er greift auch in die Reben und in die Blätter und fühlt – wie weit sind die Früchte, in welcher Verfassung sind Weinstock und Reben. Die Pflege des Weinberges ist oftmals auch heute noch mühsame Hand-, Fuß- und Knochenarbeit. Wer sich als Winzer betätigt, tut dies mit Haut und Haaren. Meine erste eigene Gitarre habe ich mir mit dem »Herbsten« in einem Schweizer Weingut verdient. Das war harte Knochenarbeit, die aber auch Spaß gemacht hat. Am liebsten habe ich die Bütt getragen und die schönste Zeit war die Brotzeit – auch ein ganzheitliches Ereignis, bei dem man kauend und den Durst löschend den Blick über die Weinberge schweifen ließ, die Glieder ausstreckte und den Geräuschen und Gesprächen lauschte.

Es gehört zu den schönen Momenten des Lebens, wenn wir (wie schon beim Bild vom Hirten und beim Bild vom Brot) elementare Abläufe im Kreislauf des Lebens (und dazu gehören Saat und Ernte unbedingt) einmal ungefiltert auf uns wirken lassen oder noch besser, einmal mit anpacken und es tatsächlich erleben, wie es ist, Brot zu backen oder Trauben zu ernten.

»Ich bin der Weinstock, ihr seid die Reben« – im Alltag

Die Rebe braucht Pflege

In den letzten Jahren wurde innerhalb der Freizeitkultur vor allem ein Begriff immer wichtiger und das ist der Begriff »Wellness«. Wellnessstudios, -hotels, -reisen. »Wir wollen, dass es Ihnen gut geht!« In den Hochglanzprospekten der Fünf-Sterne-Hotels tauchen auf einmal neben dem »Candle-Light-Dinner« auch »Gurkenmasken-Bilder« auf. »Tun Sie etwas für Ihre Gesundheit, wir möchten, dass Sie lange leben.« Es gibt inzwischen ein Bewusstsein dafür, dass es gut und sinnvoll ist, etwas für sich zu tun. Leider habe ich allzu oft den Eindruck, dass die, die es wirklich am nötigsten hätten, sich einmal zu verwöhnen, sich zu pflegen und zur Ruhe zu kommen, weder die Zeit noch das nötige Kleingeld haben, um regelmäßig etwas »für sich zu tun«.

Es ist oft eine Entscheidung im Kopf, wie viel Zeit wir uns wofür nehmen: Wie wir die Zeit verbringen, kann jeder selbst wählen, es sind die kleinen Dinge, die letzten Endes zählen. Einen Urlaub kann ich nutzen, ganz bewusst die Weichen für mein Leben neu zu stellen. Ich kann aber auch geistlich auftanken, »geistlich« etwas für mich tun. Hier kann ich es einüben »dranzubleiben« und die Bibel neu zu studieren. Hier kann ich im Gespräch mit vielen anderen meinen Horizont erweitern und entdecken, »in Gottes buntem Garten gibt es viele, viele unterschiedliche Blumen«.

Bei einem schönen und lustigen Fest erwies sich ein ansonsten eher steifer und scheinbar humorloser und zu seinen Kindern oft sehr strenger Vater als witziger und äußerst kommunikativer Mensch. Als ich ihm dann irgendwann spätabends an der Bar freundschaftlich auf die Schulter klopfte und ihm zu seiner guten Laune gratulierte, murmelte er fast ein wenig selbstvergessen: »Ach, weißt du, eigentlich bin ich ja ganz anders, ich komm nur nie dazu.«

Auch hier gilt: Wenn ich mich pflege – Jesus sagt »reinige« –, dann stelle ich damit immer auch Weichen für die Zukunft.

Jesus sagt: *»Ihr seid schon rein, um des Wortes willen, das ich zu euch geredet habe«* (Johannes 15,3).

»Na, dann ist es ja gut!«, denken sich viele Christen. »Das ›Wort‹ habe ich vernommen und wenn das das Wichtigste ist, dann kann ich alles andere schleifen lassen.« »Sola scriptura« – »allein die Schrift« – dieser reformatorische Grundsatz hat viele »ungepflegte Menschen« hervorgebracht. Dabei vergessen wir, dass das »Wort Jesu« ein ganzheitliches Geschehen ist und war – es ist ein Ereignis, das unser Leben ergreift und verändert, es ist eben nicht in erster Linie »gesprochenes« und »gehörtes Wort«, sondern gelebtes und umgesetztes Kreativereignis. Gerade bei Johannes, wo es im Prolog heißt: »Das Wort wurde Fleisch«, bleibt das Wort nicht abstrakt, sondern kommt hinein in unsere volle Existenz.

Wer von dieser Existenz Gottes, von dem, was hier mit »Wort« umschrieben wird, erfasst wird, den wird es danach drängen, mit allen fünf Sinnen auf diese besondere Anrede Gottes zu antworten. Und dabei ist die oben erwähnte »Pflege« und »Zeit, die ich mir nehme« von entscheidender Bedeutung. Hier lohnt es sich noch einmal die vorangegangenen Kapitel anzusehen und zu entdecken, wie vielfältig meine Möglichkeiten sind, »mein Leben« und meine »Ganzexistenz« zu pflegen.

Die Rebe braucht Kontakt zum Weinstock

Ich bin an ein Kraftreservoir angeschlossen, das über meine Möglichkeiten hinausgeht, und auch hier helfen uns die vorangegangenen Bilder: Das Brot schenkt mir Kraft, das Licht kann mich erleuchten, die Tür kann mich neue Lebensmöglichkeiten und Verbündete entdecken lassen, der Hirte wird mir in all dem Wirrwarr Trost und Geborgenheit schenken, der Auferstandene hilft mir aufzustehen, der Weg ermahnt mich, das Ziel nicht aus den Augen zu verlieren und der Kontakt zum Weinstock bewahrt mich vor blindem Aktionismus, ich bewege immer auch die Frage »Was ist dran?«, »Was möchte

Gott in dieser Situation?« oder um mit Martin Niemöller zu sprechen: »Was würde Jesus dazu sagen?«, der Kontakt zum Weinstock bewahrt mich davor, ein Selfmade-Christ zu werden, der letztlich nur noch einem Phantombild nachjagt.

Durch den Kontakt zum Weinstock entsteht Gemeinde. Paulus greift dieses Bild in seinem Brief an die Korinther im 12. Kapitel auf:

Es gibt zwar einen Leib, aber trotzdem viele Glieder. Alle Glieder gehören zum Leib, obwohl es sehr viele sind, gehören sie zu einem Leib, zu Christus (Vers 12). Denn wir sind durch den einen Geist alle zu einem Leib getauft, ob wir nun Juden oder Griechen, Unfreie oder Freie sind (die germanischen Barbaren hatte Paulus damals noch gar nicht im Blick) und alle sind mit einem Geist getränkt. Denn auch der Leib ist nicht ein Glied, sondern viele.

Wie schwer hat sich die Christenheit seit jeher mit dieser Vielfalt getan. Dabei ist diese Vielfalt etwas Herrliches, etwas Bereicherndes, sie zeigt uns, wie fantasievoll und individuell Gott uns angelegt und begabt hat, aber auch wie individuell er auf uns zugeht. Die Vielfalt, die *wir* erleben, ist letztlich nur ein ganz kleiner Ausschnitt aus der großen, weltweiten Christenheit und schon hier tun wir uns manchmal schwer miteinander, verfallen wir in ideologische Grabenkämpfe und vergessen dabei die Liebe. Sowohl im Johanneskapitel, wie auch im Korintherkapitel kommt anschließend jeweils ein ausführliches und eindringliches Plädoyer für die Liebe: »Vergesst um Himmels willen die Liebe nicht – sie ist das Allerwichtigste« (1. Korinther 13).

Auch bei Paulus wird deutlich, Glaube, Christsein und Gemeinde ist etwas Ganzheitliches. Paulus differenziert das Bild vom Weinstock und den Reben, indem er den unterschiedlichen Gliedern unterschiedliche Funktionen zuweist und dabei lediglich logisch argumentiert: »Was wäre ein Leib, der nur aus Gehör bestünde, wo bliebe der Geruch!« Das würde vermutlich so manchem Geistlichen gefallen, wenn die Gemeinde nur aus »Gehör« bestünde, wenn sie den Mund halten und nur zuhören würde, dann könnte man sich den ganzen Schnickschnack sparen und sich ausschließlich auf das gesprochene und gepredigte Wort konzentrieren und niemand würde störend dazwischenrufen. Wir können uns die Gemeinde nicht so »backen«, wie wir sie gerne hätten. Die Gemeinde ist so, wie sie ist – in herrlicher und wunderbarer Unterschiedlichkeit, mit ganz verschiedenen Begabungen, die wir allerdings nur dann entfalten und entdecken können, wenn wir »dranbleiben« am Weinstock.

»Gott hat die Glieder gesetzt (positioniert), ein jedes besonders an die Stelle im Leib, die er gewollt hat« (Vers 18). Das kann ich entdecken, aber nur, wenn ich »dranbleibe«, kann ich es entdecken: »Welchen Platz hat Gott für mich vorgesehen? Welche Aufgabe habe ich innerhalb des großen Ganzen?« Das ist unglaublich spannend und manche, vor allem junge Erwachsene, fühlen sich überfordert und stehen wie der »Ochs vorm Berg« und fragen sich und mich und andere, wo denn ihr Platz sein könnte, was denn ihre Aufgabe ist, warum Gott denn nicht mit ihnen spricht. Manche machen dann ein Soziales Jahr und hoffen auf Antwort auf die Frage: Welchen Platz hat Gott für mich vorgesehen? Aus einem solchen Gespräch mit Jugendlichen ist das Lied *Schritte wagen* entstanden, das wir schon im Kapitel vorher kennengelernt haben. Dieses Lied möchte uns Mut machen, einen Impuls, eine Begabung durchaus auch als »Reden Gottes« ernst zu nehmen und einfach loszugehen und es auszuprobieren. Wer nur wie ein Karnickel im Scheinwerferkegel vor der großen Zukunft erstarrt und es nicht wagt, auch einmal etwas auszuprobieren, wird seinen Platz nur schwerlich finden.

Wer Jesus nachfolgt und so am Weinstock »dranbleibt«, begibt sich auf eine lange und spannende Entdeckungsreise hin zu der Originalität, die Gott uns gegeben hat.

Und dieser Platz ist bei jedem und jeder ein anderer und es gibt spektakulärere und nicht so spektakuläre Plätze im Reich Gottes, es können eben nicht alle »Hand« oder »Fuß« oder »Mund« sein. Ein Leib, der nur aus Mündern bestünde, wäre eine ziemlich unappetitliche, laute und gefräßige Angelegenheit. Und wehe dem Mund, der vergisst, dass es auch die Ohren, die Hände, die Leber und das Gehirn gibt. Dazu passt der Satz eines bekannten Fußballers aus einem Interview: »Wie kann ich wissen, was ich denke, bevor ich es gesagt habe?«

Und nun hält uns Paulus, gewissermaßen als Vorgeschmack auf 1. Korinther 13 einen Spiegel vor, wenn er schreibt: *»... und die, von denen wir den Eindruck haben, dass sie am wenigsten ehrbar sind, die umkleiden wir mit besonderer Ehre; und die uns übel anstehen, die schmückt man am meisten« (Vers 23).*

Es geht also auch darum, alle Anteile meines Lebens in den Blick zu bekommen und zu verstehen, dass auch die Seiten meiner Existenz, die ich für nicht besonders wichtig halte, beachtet und geachtet werden wollen. Sie gehören auch zu mir. Das können Sie nun für sich persönlich, aber auch für Ihre Familie im weiteren und engeren Sinn, für Ihre Gemeinde und Ihre Arbeitskollegen in Betracht ziehen. Das Bild vom Weinstock und in Analogie das paulinische Bild von dem einen Leib und den vielen Gliedern lädt uns ein, alle, wirklich alle, die mit uns in irgendeiner Weise verbunden sind, in den Blick zu bekommen.

Es entsteht eine wohltuende Atmosphäre, wenn ich beginne andere, auch jene, die ich für nicht so wichtig erachte, mitzubedenken. Schließlich gehöre ich vielleicht auch in den Augen von so manch anderen zu den weniger wichtigen Mitgliedern des Gesamten.

Ein irisches Sprichwort sagt: »Freunde sind Gottes Entschuldigung für Verwandte.« Das Lustige (oder Tragikomische) an diesem Sprichwort ist die Tatsache, dass auch die darüber lachen können, die selbst zu diesen Verwandten zählen!

»Ich bin der Weinstock, ihr seid die Reben« – Meditation

Ich bin der Weinstock,
nur wenn du mit mir
in Kontakt bleibst,
wirst du leben, nur dann
kann ich dich mit Wasser
und Nahrung versorgen.
Doch habe keine Angst,
du darfst dich entfalten
und wenn ich dich ab und zu
deine Grenzen spüren lasse,
dann deshalb,
weil ich möchte,
dass du stark wirst,
und bitte bleib auch ein bisschen
wild.

Ich bin der wahre Weinstock,
die Krücken
des modernen Weinbaus,
Erntemaschinen,
Schwefel und Pestizide –
ich brauche sie nicht.

Ich brauche dich
und du brauchst mich.
Nur gemeinsam
können wir die Trauben
reifen lassen.
Nur wenn alle mithelfen,
kann so ein toller, rubinroter,
berauschender Wein,
nur dann
kann unser Wein
entstehn.

»Ich bin der Weinstock, ihr seid die Reben« – biblischer Impuls

Ein Mann sitzt im Unterhemd auf dem Sofa vor dem Fernseher, eine Flasche Bier in der einen und eine Fernbedienung in der anderen Hand und seufzt: »Nun war ich in der Selbsterfahrungsgruppe, dann war ich in der Männergruppe, aber richtig zu mir selber gefunden habe ich erst in dieser Sitzgruppe.«

Das statistische Bundesamt behauptet: Wir Deutschen verbringen im Schnitt pro Tag drei bis vier Stunden vor dem Fernsehgerät. Der typische Deutsche hat also in der einen Hand die Fernbedienung für den Fernseher, in der anderen Hand die Fernbedienung für den vollautomatischen »Bier- und Chipswagen« und ins Sofa ist womöglich noch ein Dixi-Klo eingebaut, sodass wir uns überhaupt nicht mehr bewegen müssen und innerlich und äußerlich total verfetten. Und wenn Sie keine drei bis vier Stunden vor dem Fernseher verbringen, dann seien Sie versichert, dass es genug Haushalte gibt, in denen die Mattscheibe praktisch Tag und Nacht läuft.

Ich muss heute nicht mehr vor die Haustür, um unterhalten zu werden. Längst haben nicht nur Jugendliche Computerspiele als Ersatz für die scheinbar öde Wirklichkeit entdeckt. Und wenn ich doch ein bisschen »öde Wirklichkeit« mitbekommen möchte, dann klicke ich zu RTL 2 und schau in den »Big Brother«-Container. Früher war das für uns eine Schreckensvision – in den 70er-Jahren wurde in George Orwells Zukunftsroman mit dem Titel *1984* die Vision von einem totalen Überwachungsstaat beschrieben und der Slogan, der damals bei uns kursierte, hieß »Big brother is watching you«. Die Angst vor dem gläsernen Menschen war überall greifbar. Heute begeben sich Menschen freiwillig in Container und lassen sich bei sämtlichen Alltagsbanalitäten zusehen und scheinbar gibt es genügend Leute, deren Leben so langweilig ist, dass sie sich das auch noch anschauen.

Manche sprechen schon von der @-Generation und gemeint sind damit Menschen, für die das Internet den Hauptkontakt mit der Außenwelt darstellt. Und wenn das Internet langweilig wird, können sie zurückzappen zu einer der vielen gestellten Talkshows, bei denen sich blöd gepiercte Zeitgenossen bis auf die Unterhose öffentlich ausziehen. Und dabei müssen sie noch nicht einmal den Bildschirm oder den Platz wechseln. Dazwischen gibt es immer wieder – und nur so funktioniert und rechnet sich das Ganze – Werbeblöcke und der Moderator blökt mir entgegen: »Bleiben Sie dran!«

»Bleiben Sie dran!«, sagt auch der folgende Bibelvers: *»Ich bin der Weinstock, ihr seid die Reben. Wer in mir bleibt und ich in ihm, der bringt viel Frucht, denn ohne mich könnt ihr nichts tun.«*

»Wer in mir bleibt« – »Wer an mir dranbleibt, wer sich zu mir hält – bringt viel Frucht ...« Ähnlich wie der Fernsehmoderator fordert uns dieses Jesus-Wort auf »dranzubleiben«. Das ist ein guter Gedanke: Am Ende eines Prozesses, bei dem wir so viel erlebt und gehört, gerochen, geschmeckt, gesehen und gefühlt haben, werden wir aufgerufen: »Bitte kehrt jetzt nicht einfach wieder zur Tagesordnung zurück, sondern bleibt dran an dem, was an neuem Glauben und an Sehnsucht nach einem erfüllten Christsein aufgebrochen ist.« Ich traue mich, Sie so zu ermutigen, weil Jesus uns ermutigt und er tut dies in dem wundervollen, kraftvollen Bild vom Weinstock und den Reben. Manche dieser Weinstöcke, die Jesus da vor Augen hatte, konnten bis zu tausend Jahre alt werden. Tief verwurzelt in der Erde hatten viele dieser Pflanzen Sommer, Winter, Frost und Hitze über die Jahrhunderte überstanden. Wie viele Menschen kommen mir haltlos und entwurzelt vor. Sie haben keine Maßstäbe mehr für ihr Leben, alles ist ihnen egal, solange die Kohle stimmt, man braucht keine Nachbarn mehr, man braucht keinen Lebenspartner mehr, man braucht erst recht keine Familie, geschweige denn eine Gemeinde – man/frau hat ja sich und die eigenen vier Wände und wie es da zugeht, geht niemanden etwas an. Das Horrorbild vom computergesteuerten Konsumegoisten ist längst Wirklichkeit geworden. Und wenn dann plötzlich ein junger Mann von seinem Computerspiel aufsteht und aus lauter Ratlosigkeit und Hass auf das Leben eine ganze Schulklasse mit seinem Gewehr niedermacht, dann ist da immer gleich ein Heer von entrüsteten Heuchlern – was wir säen, was wir einfach treiben lassen, das wächst und das ernten wir dann auch.

Es ist mir unverständlich, wie 200 Schüler einer bayrischen Schule scheinbar über Monate völlig unbehelligt sich in den Pausen gegenseitig Gewalt- und Pornovideos per SMS auf ihre Handys überspielen konnten, ohne dass irgendjemand etwas gemerkt oder gesagt hätte. Ist das die viel beschworene »vorauseilende Diskretion«? Man will dem anderen ja nicht zu nahe treten.

Ich glaube, wir haben es ganz einfach verlernt, für unsere Wurzeln, für das, was wir glauben und leben wollen, einzustehen und andere herzlich zu einem anderen, neuen Leben einzuladen. Ich glaube, wir trauen uns nicht, *und* nur, wenn wir selbst »dranbleiben«, nur wenn wir selbst »dran« sind an diesen alten und wertvollen Wurzeln unserer menschlichen Existenz und unserer gesamten abendländischen Kultur, können wir als christliche Gemeinde einen gesellschaftlichen Gegenentwurf liefern und leben zu dem, was an »ganz normalem Wahnsinn« in unserer Gesellschaft heute läuft. Die christliche Gemeinde könnte und sollte ein Gegenentwurf zu unserer säkularen Gesellschaft sein – aber sie ist es nicht, sie ist es vor allem deshalb nicht, weil wir, und ich schließe mich da mit ein, weil wir nicht »dranbleiben«.

Wie könnte dieses »Dranbleiben« nun ganz praktisch aussehen? Ein paar Verse später liefert Jesus selbst eine Antwort auf diese Frage (Vers 9): »So wie mich mein Vater liebt, so liebe ich euch. Bleibt in meiner Liebe!«

»Bleibt in meiner Liebe!« – »Haltet euch an die Liebe, so wie ihr sie bei mir gesehen, empfunden und erlebt habt.« Diesen Gedanken greift Paulus später auf, wenn er schreibt: »Wir Christen werden an der Liebe erkannt.« Also nicht in erster Linie das, was wir erzählen und verbal von uns geben, ist entscheidend, sondern die Frage, wie wir leben, wie wir miteinander und wie wir mit Gott umgehen. Und da können uns die sieben *Ich bin Worte* helfen, tagtäglich »dranzubleiben« an diesem wahren Weinstock:

»Ich bin das Brot« – hat uns gezeigt, wie gut es ist, wenn wir nicht alles in uns hineinstopfen und vielleicht, gerade auch in der Fastenzeit, sensibel werden für unsere Sucht- und Essgewohnheiten. Durch die Bitte im Vaterunser, »Unser täglich Brot gib uns heute«, haben wir aber auch neu gemerkt, dass Christsein etwas mit unserer »Alltäglichkeit« zu tun hat, dass wir als Menschen, die Jesus nachfolgen, gewissermaßen »von der Hand in den

Mund« leben. Glauben im Alltag braucht seine Regelmäßigkeit – regelmäßiges Gebet, regelmäßiges Lesen in der Bibel, ein Danklied während der Autofahrt – nicht weil ich muss, sondern weil ich möchte, weil ich »dranbleiben« möchte.

»Ich bin das Licht« – hat uns gezeigt, wie sehr das jeweilige Ambiente, die Farben, die Lampen, aber auch das Sonnenlicht Auswirkungen auf unser Wohlbefinden haben. Wir haben aber auch gespürt, wie uns die Steine aus den Händen gleiten, wenn Jesus unsere wahren Motive beleuchtet, wenn Licht auch in die Schattenseiten unseres Lebens fällt und ich trotzdem erfahre: »Ich darf sein, ich darf kommen, wie ich bin, selbst die letzte Kröte meiner Schattenexistenz darf ins Licht humpeln – ich darf kommen, wie ich bin, aber ich werde und muss nicht bleiben, wie ich bin, weil das Licht Jesu mich erleuchtet und ich Vergebung erfahren kann.«

»Ich bin die Tür, ich bin der gute Hirte« – hat uns einen Lebensstil vor Augen geführt, der uns allen, gerade im Gespräch mit dem Hirten überdeutlich gezeigt hat, wie weit wir uns von einem genügsamen und dankbaren Leben entfernt haben und wie wenig es im Grunde braucht, um glücklich und zufrieden zu sein. Am meisten hat mich einmal der Satz berührt: »Unsere Eltern hatten viel weniger Geld und Wohlstand als jeder Bundesbürger heute und trotzdem waren wir zufriedener und wir hatten eine tolle Kindheit.«

Längst haben wir als Institution Kirche auch begonnen zu jammern und zu lamentieren und betrachtet man die Kirche weltweit, dann jammern wir auf einem wirklich hohen Niveau.

Der gute Hirte gibt uns eine wundervolle Meditation an die Hand, den Psalm 23, »Der Herr ist mein Hirte«, und ermutigt uns, die Gottesbilder unserer Kindheit wie beispielsweise den guten Hirten aufzugreifen, gerade dann aufzugreifen, wenn es uns nicht gut geht und vom Betrachter zum Beter zu werden.

»Ich bin der Weg und die Wahrheit und das Leben, niemand kommt zum Vater außer durch mich!« – zeigt uns, wie wichtig Bewegung für unser Wohlbefinden ist, und führt uns mitten hinein in die Wellness-Erfahrung schlechthin:

Mit warmem Wasser werden die Füße gewaschen und umspült, dann werden sie getrocknet und ein wenig mit Duftöl massiert.

Wir lernen aber auch, dass hier kein anstrengender Absolutheitsanspruch des Christentums formuliert, sondern ein Weg gezeigt wird, der uns in die dienende Haltung hin zum Menschenbruder und zur Menschenschwester führt, auf dass wir einander helfen und dienen und nicht darum wetteifern, wer nun die bessere Religion hat. Der Weg Jesu stellt uns Gott als einen guten Vater vor und gibt uns wiederum ein wunderbares Gebet an die Hand, das wir auch nachher im Einklang mit der gesamten Christenheit beten werden.

»Ich bin die Auferstehung und das Leben« – macht uns deutlich, wie uns die Kraft der Auferstehung zusammenführt und die weltweite Ökumene entstehen lässt. Und wenn Jesus von Leben spricht, dann meint er immer auch das Leben, das über den Tod hinausgeht.

»Ich bin der Weinstock, ihr seid die Reben. Wer in mir bleibt und ich in ihm, der bringt viel Frucht, denn ohne mich könnt ihr nichts tun« – hält uns eine Vision, einen Traum vor Augen: Ganz anders könnten wir leben, ganz anders, als diese Gesellschaft es uns vorlebt. Die Vereinzelung, das Cocooning, unsere Coolness macht uns krank. Der Bedarf nach »Wellness« ist unter anderem nur deshalb so groß, weil immer mehr Menschen sich nicht wohlfühlen in ihrer Haut und in ihrem Lebensstil, weil sie den Eindruck haben, »sie werden gelebt«, weil sie merken, dass sie sich nach Wahrheit und Gemeinschaft sehnen und in Wirklichkeit einsam sind.

»Dranbleiben«, das kann jeder und jede für sich in seinem Alltag. »Dranbleiben« wollen wir aber auch als Weggemeinschaft der vielen Christen weltweit.

Wie spannend ist es doch, zu sehen, dass die Spuren der Liebe Jesu auch im 21. Jahrhundert noch da sind und aufblühen, wo wir sie ernst nehmen und ihnen folgen.

»Ich bin der Weinstock, ihr seid die Reben« – Geste

Ich bin der Weinstock,

Wir formen die Hände wie Fäuste und setzen sie so übereinander, als würden wir einen Stock umfassen.

ihr seid die Reben.

Die Hände bewegen sich aus dem Stock
heraus nach oben und unten,
nach links und nach rechts.

Wer in mir bleibt

Arme und Hände strecken sich nach oben.

und ich in ihm,

Die Hände zeigen nach innen
und gehen zur Brustmitte.

der bringt viel Frucht.

Die Arme offen halten, die Hände so,
als würden wir ein Tablett tragen.

»Ich bin der Weinstock, ihr seid die Reben« – Lied

Ich bin der Weinstock, ihr seid die Reben,
ohne mich könnt ihr letztlich nicht leben.
Ich bin der Weinstock, ihr seid die Reben,
ohne mich könnt ihr letztlich nicht sein.

So wie die Rebe vom Weinstock abhängt,
hat Gott uns Menschen das Leben geschenkt.
Wir tun oft so, als gäb es Ihn nicht,
hört doch mal zu, wenn Er zu uns spricht:

Ich bin der Weinstock, ihr seid die Reben,
ohne mich könnt ihr letztlich nicht leben.
Ich bin der Weinstock, ihr seid die Reben,
ohne mich könnt ihr letztlich nicht sein.

So wie die Rebe nur Frucht bringen wird,
wenn sie zur Pflanze, zum Weinstock gehört,
so dürfen wir zum Schöpfer gehör'n
und seine Kraft auch in uns verspür'n.

Ich bin der Weinstock, ihr seid die Reben,
ohne mich könnt ihr letztlich nicht leben.
Ich bin der Weinstock, ihr seid die Reben,
ohne mich könnt ihr letztlich nicht sein.

Wie an der Rebe die Trauben entstehn,
lässt Gottes Liebe das Wunder geschehn,
dass wir entdecken, wie viel in uns steckt,
manche Begabung wurde so schon geweckt.

Nachwort

Jesus bietet uns sieben Selbstaussagen, um uns zur »Selbstfindung« und »Selbstaussage« zu ermutigen. Gleichzeitig können wir gewissermaßen unter den Mantel jeweils desjenigen Bildes schlüpfen, das unserer momentanen Befindlichkeit am meisten entspricht: Manchmal brauche ich einen guten Hirten, der mich tröstet, manchmal brauche ich eine gute Portion »Auferstehungskraft« und manchmal brauche ich ganz einfach nur Brot und die Erfüllung meiner Grundbedürfnisse. In allen Fällen rückt das Bild des Weges ins Zentrum unserer Lebensgestaltung und Selbstfindung.

Auch die sieben *Ich bin Worte* sind nun einen sehr abwechslungsreichen Weg mit uns gegangen. Es war für mich selbst spannend, mich schreibender (und – siehe S. 46 f. – backender) Weise auf diesen Weg zu machen und vieles dabei an mir ganz neu zu entdecken. Ziel dieses Weges sind wir ja selbst und die Möglichkeit, dass wir zum Kern unserer eigenen von Gott geschenkten Existenz vorstoßen und nun selbst sagen können »Ich bin ...«

Ich wünsche Ihnen viel Kraft und Gottes Segen auf Ihrem Weg, auf dem der gute Hirte Sie begleiten wird. Deshalb zum Abschluss noch einmal den Text des Liedes *Sei behütet* als Segensgeste.

Sei behütet

Sei behütet

Wir legen uns die Handflächen
übereinander auf den Kopf.

auf deinen Wegen,

Wir zeigen mit den Händen
auf unsere Füße.

sei behütet

Wir legen uns die Handflächen
übereinander auf den Kopf.

auch mitten in der Nacht,

Wir lassen die Hände vor das Gesicht gleiten
und bedecken das Gesicht.

durch Sonnentage, Stürme und durch Regen

Wir formen mit den Händen von unten einen großen Kreis und deuten dann im Abschluss des Kreises mit den Fingern den von oben kommenden Regen an.
Dabei geht die rechte Hand diagonal von rechts oben nach links unten und die linke Hand

diagonal von links oben nach rechts unten.

hält der Schöpfer über dir die Wacht.

Die Arme über Kreuz auf die Brust legen.

Gott tut gut

Gott tut gut,
macht uns Mut,
dieses Leben
anzugehen
uns selbst besser
zu verstehen,
frohgemut –
Gott tut gut.

Gott tut gut,
meine Wut
muss ich nicht mehr
runterschlucken,
ich muss mich nun
nicht mehr ducken,
habe Mut:
Gott tut gut.

Gott tut gut,
ausgeruht
lebe ich mit
allen Sinnen,
rieche, schmecke,
hör von innen,
was sich tut –
Gott tut gut.

Gott tut gut,
Kraft und Mut
werden dich auf
deinen Wegen
begleiten und
sein Friedenssegen
tut uns gut –
Gott tut gut.

Literatur

Betz, Otto: *Das Geheimnis der Zahlen*, Stuttgart 1989

Bittlinger, Clemens: *Du bist bei mir,* Gießen 2004

Danner, Helma: *Biologisch kochen und backen*, München 2006

Heller, Adolf: *Biblische Zahlensymbolik*, Stuttgart 1951

Kerkeling, Hape: *Ich bin dann mal weg*, München 2006

Pollmer, Udo u.a.: *Liebe geht durch die Nase*, Köln 2001

Riedel, Ingrid: *Geschmack am Leben finden*, Freiburg 2004

Sanford, John: *Das Johannesevangelium*, München 1997

Süskind, Patrick: *Das Parfum*, Zürich 2000

Kontakt

Clemens Bittlinger,

Pfarrer, Buchautor, Kolumnist bei *GONG* und *BILD+FUNK* ist vor allem bekannt als Liedermacher. Mit mehr als 2500 Konzerten in den vergangenen 25 Jahren und 18 veröffentlichten CDs zählt er zu den beliebtesten Vertretern seines Genres. Clemens Bittlinger ist verheiratet und hat zwei Kinder. Er lebt mit seiner Familie im Odenwald.

Weitere Informationen unter:
www.Clemens-Bittlinger.de

Die CD zum Buch – Ein musikalisches Wellness-Erlebnis

Clemens Bittlinger
Gott tut gut
Lieder fürs Wohlbefinden
CD. Laufzeit 70 Minuten
Mit 24-seitigem Booklet
ISBN 978-3-466-45808-0

Von Clemens Bittlinger und David Plüss genial vertont, finden Sie auf dieser CD die wunderschönen Texte und Meditationen zu den Jesus-Impulsen aus dem Buch. Lehnen Sie sich zurück, entspannen Sie sich und lassen Sie sich inspirieren. So finden Sie auch im Alltag kleine Inseln der Ruhe und Besinnung, Auszeiten für die Seele, die Ihnen körperlich und spirituell Gesundheit und Wohlbefinden schenken.

KÖSEL

Kompetent & lebendig.
SPIRITUALITÄT & RELIGION

Kösel-Verlag, München, e-mail: info@koesel.de
Besuchen Sie uns im Internet: www.koesel.de